不本意ながらいきなり「手錠」

参院選モヤモヤ逮捕劇

選挙コンサルタント 渡辺強 Watanabe Tsuyoshi

さくら舎

はじめに

55回目の誕生日である2016年7月26日夕方、私の手首にいきなり手錠がかけられた。長くはない人生で、そうそうあることではない。

私はいままで、どんな罪も犯したことはない。むしろモラルにはうるさいほうだ。さほど変人でも奇人でもない。まったく普通に生きてきた。ごくごくノーマルな、あなたの職場やご近所や親戚の中にたくさんいる〝一般人〟だ。

職質（職務質問）ひとつ受けたこともない。これまでに警察に行った経験は数度あるが、落とし物届か、せいぜい免許証の更新で不明点の確認に行ったくらいだ。

逮捕容疑は「公職選挙法（公選法）違反」、女性運動員に6万円のアルバイト代を支払ったという罪である。

私の職業は選挙コンサルタントだ。クライアントの当選に向けて公示の数ヵ月前から、場合によっては1年ほど前から、さまざまな政治活動の戦略を練《ね》っていく。

仕事では企画立案のほかに、公選法レクチャーをおこなう。「こういうことをしたら違反で捕まるから、気をつけてね」などというチェックはもちろんのこと、あらゆる注意喚起《かんき》をおこなっていく。コンプライアンス（法令遵守《じゅんしゅ》）は絶対だ。

よりによって、その私が選挙違反で捕まった。自分自身ビックリだ。

安心、油断、チェック不足……、さまざまな要因があげられるが、「プロ中のプロである自分がおこなうことに間違いはない」という驕《おご》りがあったのは否定できない。

事前に多少の知識があったとはいえ、逮捕されてからの展開は、新鮮な驚きの連続だった。自分の置かれてしまった環境に対して、たとえようのない孤独感や不安がしばしば押し寄せてきた。自分の不運を嘆《なげ》いてもみた。逮捕前に直接話ができた仲間たちと弁護士以外、誰も信じられなかった。

だが時折、世界的なアミューズメントパークにいるような、ドキドキする気分も味わった。この事態は十分に堪能《たんのう》しなければ損だ、と私は気持ちを切り替えた。そうする以外になかったのだ。振り返ってみると、人生で最高の高揚の中で結構なファイティングスピリットを発揮したかもしれない。刑事や検事がいくら声高に叫ぼうとも、ものの数ではないと確固たる信念を持つ一方で、なるようにしかならないと開き直った。

書物で読みある程度の知識はあったものの、実際の檻《おり》の向こう側には知らなかった事実やベールに包まれていた司法の手法がいっぱいあって、私にとって斬新《ざんしん》かつとってもユニークな経験だった。

この本は、日頃は犯罪やアウトロー社会に関係のない一般の人々におくる、突然現実が変わる非日常体験の紹介書である。実際に体験して知り得た限りの対司法マニュアルも盛り込んだ。

私以外にも、突然この世界に呼び込まれた人は少なくないだろう。満員電車内で痴漢《ちかん》の嫌疑をかけられたサラリーマン、カバンの中に見たこともないクスリが入っていた旅行者、知らないうちに詐欺《さぎ》師に片棒を担がされていた経営者、さらには完全なる冤罪《えんざい》……。

「黙《だま》っていても、真実はいつかわかってもらえる」などと考えるのは大きな間違いだ。警察はそんな斟酌《しんしゃく》は一切しない。主張は主張として、明確なるものを示さなければならない。しかし、それには手法と多少のノウハウが必要だ。

逮捕されたい人、勾留《こうりゅう》されたい人など世間にはそういないだろう。だが、これは明日にもあなた自身に起こりうるかもしれない現実の物語だ。

不幸はある日突然、向こう側からやってくる。

渡辺《わたなべ》 強《つよし》

目次◎不本意ながらいきなり「手錠」

はじめに　1

第1章　選挙のプロが公選法違反⁉

選挙前からはじまっている警察の監視　10
初の18歳投票となった2016年参院選　13
投開票日の翌日から警察がきた　16
できる女　21
「大原さんが毎日警察に呼ばれてるそうです」　25
頼もしい夏木弁護士のアドバイス　28
注意しても行動は筒抜け　32

第2章　取調べという名の洗脳作業

わが事務所にガサ入れ　37
「事情聴取ではなく取調べ」　44
初めての〝被疑者〟取調べ　47
私の作戦「何でもかんでも話さない」　52
取調べは心を折るための作業　57
10回聞かれたら10回とも同じ答えをする　61
強気のかみさんが取調べに大泣き　66
かみさんの逆襲　70
「渡辺さんが悪いことをしたらしい」が拡散　77
取調室の中で豹変する刑事　80
「大阪府警は維新に給料を下げられた。覚悟しておけよ」　84
カルト教団の手法と同じやり方　90
誕生日のメモリアル逮捕　95

第3章　留置場生活スタート

手錠、腰縄のみすぼらしい格好で東京駅へ　103
新幹線での移送はなごやか　108
マスコミリークは捜査の一環？　114
まずは健康診断と身体検査　118
「あなたは68番と呼ばれます」　123
同房者は何でも知ってる上山さん　126
親身に対応してくれる留置係官　132
担当検事と異例のご対面　133
セクシー検事との初バトル　138
押しかけ弁護士がやってきた？　144

第4章　熱血刑事＋セクシー検事との神経戦

取調べは「8時間労働＋しばしば残業」と同じ　150

黙秘権の行使はつらいよ　153
かなり快適な留置場暮らし　154
ダイエットでき、鼻炎も治る浄化生活　159
週1の物品購入、人気はお菓子・あんパン　164
「この女、なめとるな」　168
説得・お願い・脅し……煮詰まる宮下刑事　173
怒鳴って威嚇作戦に切り替え？　178
「あなたの人生はまだ終わっていない」　181
恐るべし、モエモエ！　185
あっさり決まった10日間の勾留延長　188

第5章　略式起訴という〝大団円〟

検察から罰金刑の提案がきた　192
大原女史サイドにやはり売られたのか？　198
「認めれば罰金刑にするよ」という検察のやり方　202
検事とつくる「自白と反省」の茶番劇　206

切れ者モエモエの〝お願い〟 210
ただ待つだけの3日間 215
「有罪・罰金30万円」で釈放 221
事件の爪痕、取り戻した自由 226

付録　わが身を守るための〝被疑者十戒〟 238

※本書に登場する人物は著者をのぞき仮名です。

不本意ながらいきなり「手錠」

——参院選モヤモヤ逮捕劇

第1章　選挙のプロが公選法違反⁉

選挙前からはじまっている警察の監視

久しぶりの電話だった。大阪に住む昔の選挙仲間の中田さんだ。その昔ある衆議院選挙で、彼が事務局長をしていた陣営を私が手伝った。中田さんはそれ以来の友人だ。

なんと、今度は自分が立候補するという。おおさか維新の会（維新の党の後身）の公認を取り、2016年7月の参議院選に全国比例（比例代表）で出るらしい。

正直、私はかなり難しいと思った。本人にもそう進言した。なにしろ公示までもう時間がない。参議院の比例は、国内のあらゆる選挙でもっとも票を取りにくい選挙だ。よく勘違いするパターンがある。「自分は過去に衆議院小選挙区で7万票を取ったから、それにプラスして支援してくれる○○協議会から7万票は見込めるので、14万票で当選だ」というやつだ。

参議院比例と他の選挙はまったく違う。投票方法がわかりにくく投票しづらいうえに、支援団体を固めにくいのがこの選挙だ。衆議院小選挙区で取った７万票から、２割でも固められれば立派なものだ。

選挙の間際になり、候補者と陣営は徐々にそれがわかってくる。私が心配していた選挙の実態が、候補者の肌身に染み渡ってくる。しかしそれからではもう遅い。

中田さんは東洋医学の大きな団体をバックに抱えていた。その団体は専門学校や大学も経営しているという結構な組織だ。しかし医師会や歯科医師会、看護連盟、ＪＡ、特定郵便局、各労組などの巨大組織が、半年から1年もの長期間にわたって汗水流して、ようやく当選ラインに届くか否《いな》かといった過酷《かこく》な戦いを強《し》いられるのがこの選挙なのである。

中田さんも十分にそれはわかっていた。しかし一方で、おおさか維新の会の比例当選ラインはかなり低いという事実があった。前回の最下位当選者は数万票ちょっとであり、今回もその程度だろうという予測がマスコミでもなされていた。与党候補者であれば、10万票でもおそらく落選だろう。逆にいえば、維新の会以外の公認ならば、当選は想像もできない状況だ。

中田さんはある意味、業界団体を背負っている人だ。そして大変な情熱家であり、人間的にも非常に魅力ある人物だった。以前一緒に戦った選挙で、私は彼の人柄や政治的な考え方を知り、友人として何かしてあげたい気持ちになったのは当然だった。

しかしながら、話を聞くにつれ、中田さんの事務所態勢はじつに心許《こころもと》ないことがわかった。選挙経験者が誰もいない。この段階になって的外れな活動をしていては、当選はおろか悲惨《ひさん》な票数に終わってしまう。

私はやはり選挙仲間である大阪在住の寺本さんを、中田さんに紹介した。寺本さんはまったく別の選挙ではあるが、事務局長をしたこともある選挙経験者だった。

選挙は人と人とが濃厚に交差していく戦場だ。同じ陣営でともに戦う場合、事務能力以上に大切なのは相性だ。そこから生まれるチームワークはとても重要で、多くのトラブルの末に強引に進められた100点満点の戦略よりも、みんなで力を合わせて組み上げた50点の戦略のほうがしばしば優《まさ》ってしまうのが選挙の常だ。

公示の3週間ちょっと前、大阪市内のホテルで、私は2人を引き合わせた。同じサッカー好き、奥さんがともに4歳年上という共通項もあって、2人は非常にウマが合った。中田後援会における、寺本事務局長の誕生だ。

寺本さんがいれば安心だ。選挙には、やらなければいけないこと、やってはいけないことがたくさんある。それらをきちんと頭の中で整理しながら、事務作業をタイムスケジュールに沿って進めていくのが最低限の選挙参加条件である。それができなければ、当落以前の問題だ。

少なくとも寺本事務局長のもとで、公示に向かってきちんとした活動を進めていけるはずだ。当落は本人と支援団体の頑張りしだいだが、間違った方向にはいかないだろう。

しかし、暗い闇《やみ》の足音は、すでに忍び寄っていたのである。

ずっと後になってわかったことだが、このホテルでの顔合わせを大阪府警捜査２課の刑事が見張っていたのだ。選挙事務所はおろか、選挙に向けての後援会事務所態勢も整っていないこの時期から、警察にとって中田陣営を捕まえることは〝決められた未来〟だったのである。

初の18歳投票となった２０１６年参院選

２０１６年7月10日におこなわれた第24回参議院議員選挙は、公職選挙法の改正で選挙権を18歳以上に引き下げてから初めての国政選挙だった。なにしろ高校生にも選挙権が与えられたのである。われわれ専門家たちは誰もが、いままでと違った層もターゲットとして考慮に入れなければならなかった。

とにかく一度選挙をやってみなければ想像がつかない部分も多いが、私は18歳、19歳の投票率は相応に高くなるだろうと考えた。２回目以降はともかくとして、初めてというのは目新しいのだから、有権者としても興味を持つのは間違いない。マスコミはどんどん煽《あお》ってくるだろう。しかしどの政党も陣営も、際立った若年層対策は取らなかったように思う。

総務省の発表によると、18～19歳の投票率は46・７８％、有権者全体の54・７０％から８ポイント近く低かった。現在では軒並み、さらにさらに低い。

若年層以上に、各陣営が意識しなければならないことがあった。この選挙の前の地方選挙あたりから、全国的にどこも期日前投票がかなり増えて非常にポピュラーになったのだ。当然、今回の選挙も間違いなく大幅に増えるだろう。

それまでわれわれ選挙関係者たちは、投票日に設定を合わせて、その直前に活動のピークを持ってくるように戦略を立てていたが、全体像がガラッと変わって、公示直後からフルパワーで組織活動を活性化せざるをえなくなった。

この選挙では、「生活の党と山本太郎《やまもとたろう》となかまたち」という妙な名前の政党が、政治に興味のない人々にも強烈な違和感を与えた。「これって政党なの？ それとも何かのニックネーム？」中山恭子《なかやまきょうこ》代表による「日本のこころを大切にする党」というのもあって、その政党らしくない政党名に私などは「なんだかなあ」と疑問を感じていた。

長ったらしくて奇をてらったような政党名は、とてもじゃないけど長つづきするとは思えない。「名前じゃなくて、大切なのは本質だろう」という人がいるかもしれないが、いやいや、大切なのは名前である。もし公明党が「創価党」というネーミングだったら、今日の党勢はなかっただろう。

民主党は「民進党」と名前を変えたが、どういった理由で変えなければならなかったのか、何がどう変わったのか、有権者にはさっぱりわからなかったろう。私だってわからなかった。

野党共闘がいままでになく進められ、比例区においては野党統一名簿によって戦われるかといった期待も多かったが、案の定やっぱり実現しなかった。このときに統一名簿がもし実現していたならば、いまの政治状況もひょっとして大きく変わっていたかもしれない。野党はこのとき以降、さらに弱くなる一方のように私には見える。

現在の日本維新の会は、このときは「おおさか維新の会」と名乗っていた。地域政党といったムードが漂っていて、全国チェーンへの展開にはほど遠いイメージだった。

創設者である橋下徹《はしもととおる》氏はすでに政界を引退していて、「特別に維新を応援することはない」と公言していた。しかし候補者たちにとって橋下氏はスーパースターであり、自分らの選挙を勝利に導く神のような存在だった。最後の最後には「やっぱり維新」と声高にバックアップしてくれるだろう、と誰もが期待していた。実際には候補者たちの期待もむなしく、橋下氏は最後までどこにも表立った応援に入ることもなく、松井《まつい》一郎《いちろう》代表が全国を駆け回っていた。

結局、選挙そのものは自民党が勝利し、単独過半数には届かなかったが、非改選と選挙後の無所属議員の入党を合わせて、27年ぶりに参議院単独過半数を確保した。

そんな状況の下、中田さんは落選した。考えていたより当選ラインも高く、数万票あまり足りなかった。

選挙の敗戦というものは、言葉では言い尽くせないほどに、候補者本人はもとより家族や親類縁者、後援会員や支持者たちに大きなダメージを与える。しかし、そんなダメージを大きく超えるさらなる試練が待ち受けていようとは、誰ひとり知る由《よし》もなかった。

投開票日の翌日から警察がきた

中田さんの落選は勝負なので仕方がない。力がなかったということだ。選挙は陣営の総合力で決まる。候補者の力量、後援会の力、資金力、政治的情勢、社会的状況、広報力、説得力……。反省点をよく勉強して再起を期せばいい。

投開票日の翌日、中田さんからあわてた電話がかかってきた。

「寺本さんと彼の親戚、そのほか何人かの家に刑事が訪ねてきました。話を聞かせろと、任意で警察に連れていかれた人もいます」

へーえ、なんだろ。私はそんな程度のことしか思わなかった。

選挙で警察が入るのは、買収がらみがほとんどだ。中田事務所が買収をやっていたとは思えない。寺本さんがいたのだから、何か変なことをすれば、彼がストップをかけるはずだ。間違いは考えにくい。

「とにかく落ち着いて。まずは状況を正確に把握《はあく》してください。呼ばれた人全員にヒアリングして、警察に何を聞かれたのかを調査して。あと大至急、弁護士に連絡を取って、何かあればすぐに動けるよう打ち合わせをしてください」

それくらいしか考えられないが、まあいいとこだろう。

しばらくして、再び中田さんから電話がきた。

「証紙貼りを頼むために雇った人たちの家に、軒並み刑事が行っています。とりまとめをした藤木さんの家にもきました」

藤木さんは人材派遣会社の社長だ。証紙貼りのため、公選法における単純労務者（バイト）を手配した。

参議院比例代表選挙の印刷物は膨大《ぼうだい》な量となる。ポスターは７万枚、ビラは25万枚にもおよぶ。そのすべてに、選挙管理委員会が公示日に発行した証紙を貼付《ちょうふ》しなければならない。証紙の貼られていない印刷物使用は違法だ。

じつにバカバカしい法律だ。すべての陣営は、膨大な証紙貼りというくだらない作業に忙殺される。人員が足りない陣営は、お金を払ってアルバイトを雇い証紙を貼り終えなければ、選挙運動ひとつできやしない。「お金のかからない選挙を実現しましょう」もクソもあったものじゃない。本末転倒、頭隠して尻隠さず、理屈張るほど理に合わぬ。

公選法は、現世には合わない間抜けオンパレードな法律なのだ。どこの選挙事務所でもオヤジたちが「ショーシ千万だ」と同じことをいいながら証紙貼りをしている。

参議院議員選挙の選挙活動は17日間だ。合計32万枚の証紙貼りに気が遠くなる暇もない。ボヤボヤしていたら、選挙が終わってしまう。そこで中田陣営は証紙貼りにアルバイトを雇った。証紙貼りは単純労務なので、アルバイト代を支払っても買収罪には当たらない。

寺本さんにも連絡してみた。数日で32万枚の証紙を貼るには、毎日20人ほどが必要だ。作業をして山積みとなった印刷物を整理、管理するためには、かなりのスペースもいる。小さな中田選挙事務所の軽く10倍くらいのスペースは必要だ。証紙貼付用に借りた倉庫の会社とは正式に賃貸契約を結んだとのことで、きちんと選挙資金報告書に載せれば問題はない。

また、労務者契約なので、当然のことながら選挙運動は一切やらせていないと寺本さんは断言した（選挙運動をする人はボランティアが原則である）。

くわしい話を聞いて私は安心し、中田さんに伝えた。

「大丈夫でしょう。単純労務しかやらせてないのだから。食事は無料提供したりしてませんよね」

「それはやっていませんが……」

中田さんはどうも歯切れが悪い。聞いてみると、選挙事務所以外の場所を借りて証紙貼り作業をおこなったことになるが、その場合は違反となり、払ったアルバイト代は買収になると訪ねてきた刑事がいっている、という。

「そんな馬鹿な」

私は敬愛する選挙プランナーの沢田カズオに電話をかけた。沢田カズオは私の同業者でありライバルであり、同時によき兄貴分であって大切な友人でもある。

「単純労務であっても、選挙事務所以外で作業をした場合には、支払った労賃は買収になると警察が主張して、各人の家に事情聴取にきているのです」

「そんなはずはないだろ。ちょっと待て。調べてやるから」

追ってすぐに、沢田から折り返し電話が入る。

「選挙事務所以外で作業をするのは、厳密にいえば違反だな。要するに選挙事務所の異動届を出さなかった、ということになる」

「でも大きな組織は普通、各県やブロックごとに印刷物と証紙を送って、そこでおのおの貼ってますよね。選挙事務所がそんなにあるはずもないし」

「いや、違反なんだって」

「罰則は？」

「選挙が終わって選挙事務所は閉鎖したのだから、罰則も何もない」

「その場合、労務への報酬《ほうしゅう》は買収になるのですか」

「なるわけない。労務は労務だ。選挙運動じゃない」

「じゃ、刑事がきているのはなぜだろう」

「何か探してるんだろ。気をつけな」

気をつけろといわれても……。どうしようもないし、私はそのまま放っておいた。

３日後、またまた中田さんから悲鳴のような電話が入った。

「寺本さんが逮捕されました！」

エッ？　いきなり？

「容疑は？」

「買収罪です」

「なんで？　どうして？　何をやったのですか」

「寺本さんの従姉妹に、アルバイトをやらないか、というメールをして、それが残っていたらしいです。事情聴取された人間は軒並み、任意で携帯電話を持っていかれましたから。実際にアルバイト代は発生していないのですが」

「アルバイトの話は、労務ではなく選挙運動に関連してなのですか」

「くわしくはわかりません」

「事務所で働いているなら選挙事務員登録をしているはずだから、仮にアルバイト代を払っても買収にはなりませんよ」

「そうですよね。でもよくわかりません。情報がまだ入ってこなくて」

選挙運動に対してならば、たとえアルバイト代金を支払っていなくても報酬の約束だけで買収罪は成立する。しかし、アルバイト内容に関して詳細にメールで説明していなければ、買収罪には問われないだろう。一方、事務員登録をしているならば事務員報酬が支払える。車上運動員、いわゆるウグイス嬢などに対しても支払える。それにしても、身内同士の些細《ささい》なメールが逮捕につながるなんて。

寺本さん、彼の従姉妹、義姉らが聴取された。寺本さんは逮捕ということなのだから、留置場（留置施設）に入ったはずだ。あわれ、寺本さんはアッという間に容疑者となったのである。

警察の狙いは中田さん本人と、支援団体である東洋医学の組織であることは間違いない。**組織ぐるみの選挙違反摘発は、警察内部でのポイントが高い。**中田さんのバックである東洋医学団体本部や関連施設には大阪府警の大規模なガサ入れ（家宅捜索）が入り、全国ニュースで大々的に報じられた。

私には中田さんたちの組織のことはわからないが、悪質な違反をやるような人たちとは考えられない。誰それのところにも警察がきたとか、何々を聞かれたとか、有《う》象《ぞう》無《む》象《ぞう》の情報が入ってくるけどさっぱり要領を得なかった。その後、疑心暗鬼の日々が1週間ほどつづく。

できる女

さてその昔、寺本さんと一緒に戦った選挙事務所に、大原里恵という女史がいた。なかなか仕事のできる女性で、人のいやがるような面倒な作業も自ら進んでやる。彼女は長い間ホテルのフロント業務にたずさわっていた。いつもニコニコしていて、ウグイス嬢たちからは〝癒《い》やし系〟といわれていた。

事務所の作業が終わった後に、よく何人かで酒を飲んだものだ。そんなときも彼女はみんなについてきて、ビールを飲みながら話の輪に加わっていた。年の頃は40手前、できる女性にありがちなイヤミもなく、真面目な人だ。

彼女は国内のホテルで何年か働いた後、キャリアを広げようと海外のホテルへ移籍した。そこで国際会議に出席していた閣僚経験者と懇意《こんい》になり、ＩＯＣ（国際オリンピック委員会）の仕事を紹介してやると騙《だま》されて東京に連れてこられたらしい。選挙期間中も何度かその閣僚経験者とホットラインで話し込んでいたが、２人がどんな関係なのかなどは知ったことではない。われわれにとってどうでもいいことだ。

　中田さんに寺本さんを引き合わせた1週間後、中田さんが東京で政治資金パーティーを開催した。そのパーティーで、なんと大原女史が受付業務をしていた。

「こんにちは」

「……ああ、ごぶさた」

　聞くと寺本さんから連絡があり、受付を頼まれたという。

　なるほど、大原女史か……。さすが寺本さん、いい目のつけどころだ。

　私は中田さんが当選したら、彼女を秘書に推薦しようと瞬間的に思った。彼女が以前、永田町の仕事ができればいいな、などと話していたのを思い出したのだ。まさに適役、うってつけだ。

　私にとっても、彼女が議員会館にいてくれれば当選後の仕事を受注しやすくなるだろう。中田事務所に他業者が入り込むのを阻止《そし》してくれるにちがいない。もし中田さんが落選しても、うちの事務所の外部スタッフとして使えばいい。場合によっては、非常勤の内部スタッフだってオーケーだ。

　私はすぐに事務所の同僚オヤジ、和泉に「うちの事務所にはもう何年も女性スタッフがいないが、場合によっては雇ってもいいか」と了承を取った。和泉の了解に加えて、もう1人の事務所オヤジ、高井にも異存はない。

その日の中田パーティーは、まずまずの成功だった。受付は寺本さん、大原女史、中田事務所のスタッフでうまく切り盛りして、さしたる問題はなかった。大原女史を呼んだ自分の機転はたいしたものだろうと、寺本さんはご満悦だった。

大原女史も中田さんを紹介され、まんざらでもなさそうな様子だ。

「どう思う？　中田さん。なかなかの人物だが、雰囲気あるだろう」

「はい、とてもやさしそうな方ですね」

「やさしいだけじゃなくて、かなりの熱血漢だ。その気があれば秘書に推薦するぞ。地元秘書ではなく、議員会館秘書なら問題はないだろう」

「私につとまるでしょうか」

「もちろんさ。つとまるどころの話ではない。あなたなら完璧《かんぺき》だ。だから中田さんには今後も気に入られるようにしろよ。仕事ができるところを、さり気なく見せつけるんだ。当選しなければ意味がないけどね」

例の閣僚経験者のご威光が利かないのか、大原女史はすでに何ヵ月間も無職をつづけている。よく東京でのひとり暮らしが成り立つものだ。

「生活は大変です。家賃が結構きつくて」

それはそうだろう。無収入でも家賃は月々自動的に出ていくのだ。蓄えを切り崩しながら、なんとかやっているらしい。閣僚経験者は何もしてくれないのだろうか。「ワンルームの家賃は出してくれないのか、東京まで連れてきて」とも思ったが、まあ、私にはどうでもいいことだ。中田さんの役に立ち、よしんば私の事務所の役に立ち、私のビジネスに有利に運べばそれでいい。

私は彼女が中田さんの秘書になるにせよ、そうでないにせよ、彼女のための仕事を見つけるよう心がけておくと約束した。

そこそこ有能なのにブラブラしている人間は、われわれのような業務をやっている人間にとって、とても貴重な戦力になる。しかもある程度、彼女は選挙を知っている。こういった知り合いを多く確保している人ほど、選挙前に売り上げを伸ばせる可能性が膨《ふく》らむ業界なのだ。

私は仕事をつくって、大原女史へのなにがしかの報酬、支払いが生じるようにしてあげたかった。短期でも単発でもいいから、早急にキャッシュが入る仕事をなんとかしてやりたい。いますぐ何ができるというわけではないが、昔のよしみで寺本さんも可能な限りの協力をするという。今回の受付業務依頼もその一環のはずだ。

中田さんにはこの後、大原女史が加われば事務所機能がますます充実する旨を話した。寺本さんとのコンビネーションで、加速度的に後援会活動が進んでいくだろう。

しかし、中田さんは難色を示した。彼女が東京在住であるため、大阪の中田事務所で雇うなら人件費に加えて住居も手当てしなければならなかったからだ。1人雇う以上の経費がかかってしまう。

ギリギリの予算の中で活動していると聞いていたので、私はそれ以上何もいわず、秘書については当選してからあらためて別途考えましょう、という線で話は落ち着いた。

大原女史のある種の有能さは、中田さんの今後に大きく役立つ可能性があった。

「大原さんが毎日警察に呼ばれてるそうです」

大阪の中田事務所関係者のところに警察が入り大騒ぎしているなか、寺本さんの親戚という人から問い合わせの電話がかかってきた。しかし、私には回答できる材料が何もない。

そんななか、大原女史の携帯がまったくつながらない。おかしいと思いつつ、私はウグイス嬢リーダーの竹下に連絡してみた。竹下も、寺本・大原とともにかつて選挙を一緒に戦った仲間である。私と沢田カズオの古くからの戦友でもある。

「大原さんの携帯がつながらないが、ほかに連絡方法はないかな」

「私もその携帯番号しか知りません。たしか固定電話はないといってました。地元に帰ってるのかもしれませんね。私もときどき電話してみましょう」

それからしばらくして、竹下が大あわての様子で電話をかけてきた。

「大変です。大原さんが毎日警察に呼ばれてるそうです。渡辺さんからお金をもらった件で、連日責められているらしいです」

「……?」

ああ、あの件か。それにしても大阪府警が東京まで出張《でば》ってきているとは、ご苦労なことだ。

中田さんの秘書に推薦するという前提で、中田さんの側面支援をするように、と私は大原女史にアドバイスしていた。側面支援といっても、彼女がたったひとりで、当選のため何ができるというわけではない。はっきりいえば「中田さんに気に入られるように、彼の目にとまるように振る舞え」というサジェストだ。ここまでくれば当落は運。そして運がよければ、彼女に公設秘書の目が出てくる。

私との打ち合わせにおける合意のもと、大原女史は中田さんの街宣車(選挙カー)が東京にきたときに、ビラ撒きの手伝いに出かけていった。その前に、私は彼女に多少自分の事務所の作業を手伝わせ、6万円の家賃相当分を支払っていた。私にとって割のいい先行投資だ。

もちろん大原女史には「このお金は選挙運動の対価ではないからね」と何度も念を押している。

公示日前に政治活動用のビラ撒きなどの仕事を頼んでアルバイト代を払うことは政治活動の労務の支払いとして認められるが、公示日以降、ビラ撒きにアルバイト代を支払うと選挙活動への謝礼となり、買収罪が成立する。ややこしいのだが、選挙活動にはそうした細かいルールがあるのだ。

選挙経験があるので、そのあたりの知識は彼女には十分にあった。

「わかっています。今後ともよろしくお願いします」

竹下の熱弁で、ようやく話がわかってきた。大原女史への支払いを、ビラ撒きの運動報酬とすればリッパな買収罪の成立だ。竹下も選挙のプロだ。勘どころは十二分にわかっている。

「私も何度か警察には呼ばれたことがあるけど、選挙運動の報酬ではないという認識さえあれば何も怖くないからね、といっておきました」

「そうか、ありがとう」

「大丈夫ですって、元気な声を出していました」

「わかった」

それにしても竹下からの電話には応答して、私からの電話には出ないのはどうしてだろう。自分の携帯の通話記録がいやならば、ほかの人の携帯か公衆電話から連絡し、私に警察情報を伝えてくれればいいだけの話ではないか。

私は竹下の話の内容以上に、〝なにかイヤな感覚〟を持った。渡辺と一切連絡を取ってはならぬ、さもなくば即刻おまえの身柄を取るぞ、と大原女史を警察が脅《おど》した可能性は否定できない。

私は即座に弁護士の事務所を訪れ、綿密な打ち合わせをした。大阪府警の動き、いままでの経緯を説明し、どう動けばいいかさまざまにシミュレーションした。

まだ何も事態がわからないからと、弁護士に相談するのをためらってはいけない。「起訴《きそ》されるまでは、弁護士には頼む必要はない」という人もいるが、それは何度も起訴された経験のある人のセリフだ。

これからどう物事が進んでいくのか、法律的手続きとしてどのような選択肢があるのか、基礎知識が何もない場合は弁護士に手取り足取り教えてもらうメリットは大きい。ガサ入れ、逮捕、勾留、起訴、在宅起訴、略式起訴、刑事聴取、検面調書、拘置所……、言葉は知っているが、具体的には私は何も知らない。

あとになって痛感するが、**「これこれには、このくらい時間がかかるはずだ」と教えてもらうのは絶対に価値がある。**

逮捕はどのタイミングが考えられるか、逮捕されてから何日目に送検されるのか、勾留は何日くらいか……、ひとつひとつのタイミングと時間軸を知らないまま事情聴取に入ってしまったら、いったいどうなってしまうだろうか。明日の自分がこれからどうなるかわからないのだから、不安がつねに襲ってくるだろう。

そしておそらく、刑事のいいなりになる。刑事の思うまま、あちらの都合でまっしぐらに進む司法の進展は、多くのケースで恐ろしい結末を迎える。自分のこれからを予想できるのとできないのとでは大違いだ。

頼もしい夏木弁護士のアドバイス

私が頼んだ夏木弁護士は選挙違反案件の経験も豊富なようだ。私の質問によどみなく答えていく。そしてこれから起こりうるであろうさまざまな事態を、わかりやすく説明した。

私には夏木弁護士の予測や意見だけが頼りだった。事ここにいたっては、いかなる文献も書物も、ネットのハウツーも役には立たない。

「逮捕されますか」

「そうですねえ。身柄を拘束《こうそく》されるか否かはなんともいえませんが、そこまで警察が動いている以上、起訴される可能性は高いと思います」

「否認しつづけようと思います」

「基本的にはそれでいいと思います。23日間の勾留は、なかなかキツいと聞きますけれど」

通常の流れだと、逮捕後は検察に身柄を送致されて起訴または不起訴となる。逮捕から起訴までの勾留期間は、延長期間を含めれば最大23日間となる。

勾留など、べつになんとも思わない。23日間で出られるとわかっていれば、の話だが。

「勾留された後、再逮捕なんてありますかね」

私の知り合いの選挙関係者は、留置場から出る直前に言いがかりとしかいえないような理由で再逮捕された。

「いやあ、それはないとは思いますけど」

夏木弁護士はぬるくなったお茶を一口飲みながら、私をじっと見つめる。

図1　逮捕後の流れ（刑事事件）

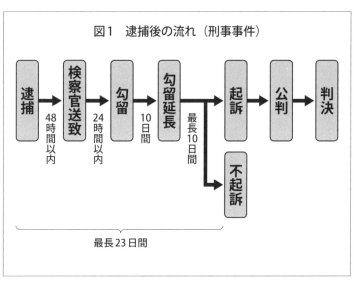

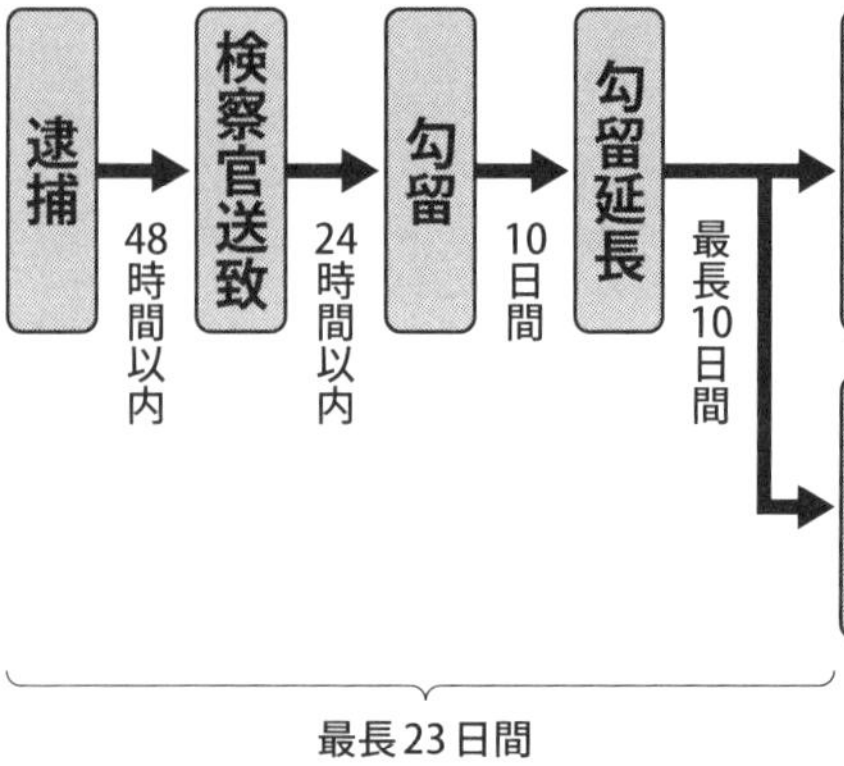

「彼女に支払った6万円ですが、渡辺さんはビラ撒きの報酬として支払ったんですか。それとも違う理由で支払ったのですか」

突き詰めて聞かれると、これは非常に微妙な問題だ。客観的に見ると、支払った時期を考えればビラ撒き報酬ととらえられても仕方がない。また実際、大原女史にはビラ撒きに参加するよう指示をしている。彼女自身もそれを当然〝やるべきこと〟と考えていただろう。そして大原女史は金を受け取った。

しかし正直にいって、ビラ撒きなどしてもしなくても、私にとってはどうでもよかった。

テキパキと働く大原女史が参加しているという事実と大原女史の有能さを中田候補に示すことこそ重要だったのだから。だいたいアウェーでのわずか数人のビラ撒き運動だ、たった1人増えたくらいで票につながるわけはない。そもその原点は、大原女史は中田さんの今と将来に、間違いなく役立つ人間だと考えたことにある。

逆説的だが、ビラ撒きは単なるひとつのきっかけだ。ビラ撒きをやるやらないに関係なく、私は些細な事務作業をやらせて彼女に現金を支払っただろう。それは私にとって〝有利な先行投資〟であり〝どちらに転んでも損はしない取引〟だったのだ。

そもそも先行投資など私自身にとっても利益になるようなものでなければ、６万円など誰が払うものか。しかも1日30分程度のビラ撒き３回、５日間で６万円は、労働に比してとても高額だ。選挙運動労賃のわけがない。

私がいいよどんでいると、夏木弁護士はさらにぬるくなっているお茶を、再びズズッとすすった。私を静かな目でじっと見ながら、

「大原さんがどのような気持ちや考えでお金を受け取ろうが、要は渡辺さんがどういった意思でお金を支払ったのかが問われているのです。この案件は」

そうか。「やったかやらないか」ではない。「どういう気持ちで実行したのか」が問題なのだ。

そして有罪とするためには、検察側が私の気持ちを立証しなければならない。

たとえはちょっと違うかもしれないが、罪状において「故意か、故意ではなかったか」がしばしば論点となる。故意だと検察側が主張する場合は、それなりの証明や証拠が必要になるのと同じである。

「故意ではありません。……いや、ビラ撒きの報酬で支払ったのではありません」

「そうですか。ならば、それでいきましょう」

書類を整理しながら、夏木弁護士はつづけた。

「よくある話ですが、否認していた女性が、何日かして認める供述をしはじめることがあります。大原さんもいずれ、刑事のいいなりになる可能性があります。もっともずっと否認していた女性が、なぜ急に刑事のいうとおりの供述に転じたのかは、われわれの攻めどころではありますけど」

フフフと笑う夏木弁護士が、たいそう頼もしい。

「とにかく否認の方向でよろしいでしょう」

「よろしくお願いいたします」

自分の逮捕は十分にありうるな、と思った。報酬の約束だけ、しかも本当かどうかわからないようなメール1本で、寺本さんは逮捕されている。

とはいえ、方針が決まって、少しホッとした。安心できるような要因は何もなかったのだけれども。

注意しても行動は筒抜け

それからは身辺に気をつけるようになった。いきなり身柄を押さえられてはかなわない。つねに後ろを振り返り、尾行者を確認した。また出かけるときは、家の裏側から早朝に出たりした。

携帯電話やメールを極力使わずに、公衆電話を使った。

しかし後になって考えてみたら、これらの注意は何の役にも立っていない。注意の仕方が中途半端だったからだ。自分の都合で、ときおり携帯を使ったりメールをしたりしていた。やるならば徹底しなければならない。

これも後で知ったのだが、**携帯番号を知られれば、警察力で簡単に基地局を知ることができる。だいたいの居場所はわかってしまうのだ。**

一連の騒動の最中、父親を連れて熱海温泉に行ったのだが、チェックアウトして玄関を出ると支配人みたいな人があわてて私の車まで追いかけてきて「お客様、本日はこのまま東京にお帰りですか」などと、素《す》っ頓狂《とんきょう》なことを聞いてきた。

私が「何か？」と睨《にら》み返すと、うろたえながら「いえ、暑いですのでお気をつけて」ととりつくろっていたが、こりゃ、警察側に場所を押さえられてるな、と感じた。

そういえば、中田さんがすべて終わった後にいっていた。

「ある時期から確実に盗聴されていると思いました。理事長と電話でしか話してない内容を、刑事は知ってましたから」

中田さんのバックになっている東洋医学団体の理事長との会話を盗聴されていた、というのである。寺本さんも、ウンウンとうなずいていた。彼にも心当たりがあるという。この場合、盗聴法（通信傍受法）は適用されず裁判では証拠とはならないだろうが、情報収集という利点が警察サイドにはある。

なぜ「警察はこの段階で私の場所を押さえる必要があるはず」と私は思ったのか。ひと昔前は、ディープな選挙関係者は投開票日から、たとえば山奥の温泉などに数ヵ月ほど身を隠し、様子をみることが恒常的におこなわれていたからだ。捜査本部は半年程度で解散になるだろう。

しかし、こんなことがいまもって通用するとも思えない。特に私のケースの場合、この時点で逮捕状が出ていたなら、単なる逃亡者にすぎない。そもそも逃げるつもりは毛頭ない。そんな資金もないし。

くるならこい、と強気でいたわけではない。逃げるならば気合を入れて、投票日前から海外にでも行き、1年ほど帰ってこないくらいの気持ちが必要だ。現実的にそれは不可能だ。費用対効果が悪すぎる。


この間私は、身辺の整理をおこなった。業者や経費の支払いをすべて終え、必要な請求作業をおこなった。近くに住む父親に事情を説明し「大阪に身柄を持っていかれても、大丈夫だから絶対に心配しないでくれ」と伝え、夏木弁護士、事務所の和泉その他と綿密に連絡を取り合い、必要な情報を回し合うように頼んだ。

同様に、夏木弁護士、和泉らにも、仕事その他で対外的に必要な事態が起こった場合、適切な処理をしてもらうよう頼んだ。

問題は家族だった。私のかみさんは元中国人だが、私の説明にもピンとこないようだった。「そんなことで警察に捕まるわけがない。仮にアルバイト代を払ったとして、いったいそれのどこが悪いのか。むしろ払わないほうが捕まるのではないか」などという。

いやいや、捕まるのだ。あのね、日本の法律ではね……選挙ではどう考えてお金を支払ったのかが問題で……、などと説明すればするほどわかりにくくなっていく。だんだん面倒くさくなってきた。

「とにかくっ」と私は言葉を選びながら「逮捕される可能性があるから、動揺しないように。娘にも何があっても大丈夫だからと説明するように」と可能な範囲で説明した。

かみさんと娘はニュージーランド永住権の更新で、近々オークランドに1ヵ月ほど行かねばならない。それはずっと以前から決まっていた。タイミングとしてはちょうどいいな、などと私は算段していた。

亭主の緊迫感を全然理解しようとはせずに「夜はご飯いるの？」などと聞いてくる。ご飯どころではないっ、といいたいところだが、無用な摩擦《まさつ》は避けるに限る。「フンッ、警察がきてから吠《ほ》え面《づら》かくなよ」などと心の中だけで見当外れの悪態をつく。

その日も、自分の事務所にそのまま入らずに、陰から玄関先の様子をうかがった。電話を入れると和泉が出た。

「変わったことはない？」

「いや、特に何も」

「んじゃ、近くにいるので入ります」

事務所に入り「おはようございまーす」と挨拶《あいさつ》した1分後、トントンとドアをたたく音。はーいと返事をする間もなくドアが開き、ドカドカと数人の男たちが入ってきた。

「おはようございます、大阪府警です」

これにはさすがに驚いた。周辺には誰もいなかったはずだ。それらしい車も停まっていなかった。どこかにカメラを備えつけていて、離れたところから見張っていたらしい。のちに業界通からそう指摘された。実際、この参院選では大分県警別府署が選挙違反撮影と称して、野党候補の支援団体が入る建物の敷地内に違法に隠しカメラを仕掛けた盗撮事件も起こしていた。

なにやら紙を示し、

「お話は聞いていると思いますが、寺本さんの件で捜査令状が出ております。いろいろ押収させていただきますので、ご協力のほどお願い申し上げます」

ニコニコしながら短髪の小柄な男がそういった。これがこれから長い長いお付き合いとなる大阪府警捜査2課の切れ者、〝熱血ボーイ〟宮下警部補との出会いだった。

第2章　取調べという名の洗脳作業

わが事務所にガサ入れ

「すいませんねえ、お忙しいところ」

すまなそうな様子はさっぱりないが、大阪府警の宮下警部補はこざっぱりしていて、刑事らしい雰囲気は希薄である。むしろどこか人なつっこそうで、『相棒』の杉下右京や『刑事コロンボ』のような刑事特有のネチネチしたムードは微塵《みじん》も感じられなかった。これは後からお知り合いになる刑事さんたちにも共通していた。

提示された令状を確認した。たしかに寺本さんの事件となっているが、これは名目上にすぎない。しかし令状がある以上、彼らに従うしかない。

彼らはテキパキと動き、私のデスクまわりを文字どおりガサゴソと探し回った。手当たりしだいにほとんど一切合切といった感じで、押収作業は徹底していた。どう考えても関係ない、といった文具や本箱など以外、書類はすべて、もの欲しそうに確認している。

押収物はひとつひとつ、パソコンに打ち込んでいく。たとえば、
・封筒（未使用と記載、領収書〔株式会社パナック等記載〕等在中）
・キャッシュカード（三菱信託銀行、カード番号1234××××9587274 8　ワタナベツヨシ名義）
などと、のちに返却で間違いのないように丁寧に書かれた書類ができあがっていく。

その間、宮下刑事にさまざまなことを聞かれるが、こちらはいたってのんびりムードで、まるで世間話だ。

「いいですねえ。ここ家賃は高いんですか」

「いえ」

「いやあ、東京は物価が高いですからなあ」

「そうですか」

「渡辺さんはスマホじゃないんですね」

「ええ、ガラケーが好きでして」

机の中のプライベートなノートや通帳まですべて点検・押収され、私の返答はぶっきらぼうになりがちだ。パソコン、携帯を持っていかれると仕事も何もできない。

しかし、なごやかムードはいささかも変わることはなく、同僚の和泉と書類作り係の人はテレ

ビを見ながらスポーツ談義をしている。「前を失礼しまーす」と通る女性捜査官も、たいそう清《せい》楚《そ》でなかなか好感が持てる。

ガサゴソとごった返すなか、私は夏木弁護士に電話を入れた。

「ガサ入れが入りました。やはり東京ではなく、大阪府警です」

「わかりました。終わったらまた電話ください」

横でそれを聞いていた宮下刑事は「もう弁護士さんに相談してるんですか」とやや驚いた表情をしたが、私としては当然である。

朝からはじまったガサ入れは、なかなか終わらなかった。私のたった1つのデスクまわりをやっているだけなのだが、私がなぐり書きしたくだらないいたずら書きにすら熱心に目を通しているのだから、とにかくやたら時間がかかる。

途中、夏木弁護士から電話が入り「まだやっているのですか」とちょっとびっくりした声音。

押収物の記録はちょうど１００点となった。「これくらいですね」と宮下刑事はしごく満足そうだ。

それからいきなり「はい、渡辺さん、ちょっと立って」といった。

わけがわからず、私は素直に立ち上がった。

「はい、両手を上げて」

少しムッとしながら両手を上げると、宮下刑事は私の体をゴソゴソとまさぐっている。私は2時間ドラマの刑事ものを思い浮かべ、俺が武器なんて持ってるわけないだろ、と心中毒づきながら、警察の所作はマニュアルどおりに進めるのだなあと思った。

すると宮下刑事が唐突に「渡辺さん、あなた、もう1つ携帯を持っているね」という。

「いいえ、持っていませんが」

「ウソをつくなぁ！」

宮下刑事は初めて大声を出した。

ほほう、そうきたか。私も負けないように大きな声で応《こた》えた。

「持っていません！」

「あんた、間違いなく、もう1つ携帯を持っている」

「持ってません」

私には本当に携帯は1つしかないし、スマホは不要だ。使い方も知らないし。

「日頃はもう1台、使っているはずだ」

「もう1台あったら、この場で切腹してあげますよ」

いままで一言も話さず横で作業を見守っていた七三分けの公務員みたいな刑事が（公務員だけど）、凄《すご》みを利かせた声を出した。

「正直にいうんだ。さもなければ大変な事態になるぞ」

この「大変なことになる」とか「とんでもないことになる」というのを、その後私はたびたび刑事から聞かされるが、これは大変なことになったなあと困ったことは一度もなかった。

刑事には話をよく聞く係と強面《こわもて》の係がいて、２人で役割分担して取調べをおこなうというが、ガサ入れの段階からそうなっているのだろうか。

町役場の庶務係的な刑事は「こっちは理由なくいってるわけじゃないんだよ」と低い声を出すが、いかんせん町役場のにおいが漂っていて、私は素直に怖がれない。

「携帯電話の契約を見たのでしょうけれども、娘の携帯も支払っているので、それと勘違いしてるんじゃないですか」

半分は、そんな初歩的なミスするわけないよなあと思いながら、庶務係を見る。すると、

「中学生が携帯を持つなんて、ありえない。まだウソをいうのか」

とおそろしく時代遅れなことをいうではないか。

娘の友人や同級生で、いまどき携帯を持っていない子など、聞いたことがない。娘は小学生のときから携帯電話を持っていた。そもそも小学校自体が児童の安全確保の観点から携帯を持たせることを奨励していて、機種を指定していた。たしかそのシステムには、警察も協力してるんじゃなかったっけ。

「うちの娘は小学校のときから携帯を持ってますけどね」といったのが、カチンときたらしい。

「理由なくいってるんじゃないんだあ！」

と庶務係が今度は怒鳴った。われわれの業界では、何度も同じことをいっているとバカにされる。

そうか、電話の契約以外にまだ理由があるのだと私は考え、庶務係の次の言葉を待った。15秒くらい沈黙がつづくが、庶務係はさっぱりその理由をいおうとしない。これは手の内を見せてしまうからいまはいえないのか、それともテキトーにカマをかけているだけなのか。

そもそも、なんで携帯が2台あると考えるの？　2台あったほうが、警察は喜ぶのかな、など的外れなことを私はぼーっと考えていた。

すると宮下刑事が唐突に、

「じゃあ、渡辺さん。今日はこれで撤収させていただきますけど、よく確認してこの書類にサインをお願いしまーす」

と、元ののんきな声でいった。

局面の変化に戸惑いながらも、ハイハイとサインをすると「追って、事情聴取をお願いしますが、連絡は事務所の電話でよろしいですか」

「事務所でいいです。携帯がないと不便なので、私の父から借りますので、いないときはこちらに電話をください」と、じいさんの携帯番号を教えた。

「われわれもいつまでも東京にいるわけにはいかないので、すぐにお願いすると思います」

「明日からですか」

「とにかく連絡します。警察は渡辺さんの自宅近くがいいですよね。そちらの取調室を借りますので」

へーえ、それは気を遣ってくれて、大変ご親切なことである。

私もいうべきことはいっておかねばならない。

「ひとつ、お話ししておきたいのですが……」

私はもっともらしく間を置いてから、静かにいった。

「私はそちらの捜査には最大限協力しようと思っています。しかし話が紳士的でない場合、もしくは大人と大人の話し合いが通じなくなったと考えた場合は、こちらもそれ相応の対応をしようと考えておりますので、そのへんはご承知おきください」

宮下刑事は「わかりましたあ」とこなれた声で陽気に応じた。たぶん私のような抗議をする人は、日頃からとても多いのだろう。

ガサ入れは結局昼食抜きで、朝から7時間近くかかっただろうか。

乱れに乱れまくっていた私の机の上は、きれいに整理整頓されたようにすっかり変わり、隣席の和泉は大喜びだ。意外と薄情な人だ。

思い出して、あわててかみさんに電話した。

「警察が家にくるかもしれないぞ」

「もうきた」

5〜6人の刑事がきて、私のキャッシュカード、かみさんの通帳などを押収していったとのこと。なんともご丁寧というかご苦労さまというか、念の入ったことである。

何の意味もないものまで、根こそぎ持っていく。この期におよんで仕事をするなど一切許さないぞ、といった強い意志を感じる。

「事情聴取ではなく取調べ」

明日からお願いするといっていた事情聴取が延びた。警察の都合でちょっと待ってほしいという。なにか不都合が生じたのだろうか。たぶん私が言い逃れできないよう、周辺証拠を固める作業に手間取っているのだろう。

私の小さな事務所に5〜6人の捜査官が出入りし、自宅にも同時に入ったから、大阪からは少なくとも10人以上の人員が出てきているだろう。それにしても経費と人件費だけで大変なものだ。宮下刑事が「あまり東京に長居はできない」といっていたのは本音だろう。

ガサ入れから4日目に、宮下刑事から電話があった。

「明日からお願いできますか。何日か、かかると思いますけど」

「わかりました」

「朝の9時半からでいかがでしょうか」

「大丈夫です」

宮下刑事は近くの警察を指定した。そうか、いよいよか。

と思う間もなく、３分もしないうちに再び宮下刑事から電話。

「渡辺さん、明日からですが単なる事情聴取ではなく、取調べという形でお願いいたします」

ん？　なんだ、いまの確認は。わざわざすぐかけ直して、念押しすることなのか？

「はい、わかりました」と答えたものの、どういう意味なのだろうと私の疑念は深まっていく。

任意性は低いから覚悟しとけよ、という意味なのだろうか。

どちらにしても逮捕は十分にある。というよりも、これだけ人員と経費をかけているわけだから、「何もなし」というわけにはいかないだろう。

大阪では中田さんの所属する東洋医学の団体にもガサ入れが入って、事情聴取も膨大《ぼうだい》な人数になっているという。捜査当局の大本命はむろん候補者本人だろうが、ハードルはきわめて高いのが普通だ。だが、いくらなんでも、従姉妹にメールした罪の寺本さんの逮捕だけですますのは、大阪府警のプライドが許すはずもない。そもそもそれでは費用対効果が悪すぎるだろう。

逮捕が想定される以上、よりしっかりした準備をしなければならない。私は仕事や家庭の整備以外にも、さらに即時的な備えも必要だと思った。パターンとしては、取調べの途中でそのまま逮捕され、大阪に身柄を持っていかれるらしい。

大きめの黒い布カバンを用意し、必要と思われるものを詰め込んでいった。パンツ・靴下・シャツを３日分、替えのズボン、歯ブラシセット、タオル数枚、文庫本数冊、携帯の充電器、緑内障と血圧と鼻炎の薬、筆記用具などを入れた。

横目で見ていた元中国人のかみさんは「お金を多く持っていろ」という。どうして？　と聞いたら「警察ではお金は役に立つはずだ」という。どうも刑事や留置係にチップを渡すと、いろいろと便宜をはかってもらえると思っているようだ。

「そんなはずねえだろ。日本だぞ、ここは」と説明しても「いや、持っていくに越したことはない」といい張る。

もともと日本の企業に所属しもう20年以上も日本にいて、帰化してから何年もたち、娘の学校行事やＰＴＡ活動などにもそれなりに参加していて十分に日本社会を理解しているはずなのに、ときどき変なことをいう。

娘の入試のときも、受験直前まで母娘でニュージーランドにいて、ひどく後悔《こうかい》していた。「こんなに受験が厳しいのなら、もっと早く日本に帰ってきて準備をしとくべきだった」と嘆《なげ》いていたものだ。

中国やニュージーランドは、塾や予備校には行かないのか、と聞いたら、高校や大学じゃあるまいし、入試なんかお金を払えばどうにでもなるのだ、と堂々といい放った。いわゆる裏口入学とは違うようだ。正規の金額を正規に支払えばいいらしい。

何度聞いてもよくわからない。たぶんかみさんも、私の公選法の説明をこのような感じで聞いているのだろう。

初めての〝被疑者〟取調べ

　夏木弁護士と必要な打ち合わせは、遺漏《いろう》なく、すべてすませているはずだ。翌日、私は意気軒《けん》昂《こう》、約束の時間に、近所の警察に黒カバン持参で出かけていった。黒カバンはこれから毎日持っていくこととなる。たぶん大阪に行く際もこのまま持っていくのだろう。

　警察署の玄関で、宮下刑事が待っていた。「おはようございます」と声をかけると、私の手元を見ながら怪訝《けげん》な顔をした。

「何ですか、そのカバンは」

「いや、宮下さんの昨日のお言葉で、備えあれば憂《うれ》いなしと思いまして」

「私、何かいいました？」

「事情聴取ではなくて、取調べなんだと」

「そんな意味でいったんじゃないんですけどね」

　話しながら一緒に２階へ上がっていった。

　取調室に入った。テレビドラマどおりのつくり。３畳くらいの狭い部屋に、なんてことのない机と椅子、そして作業用の長デスク。この長デスクで、パソコン記録をとるようになっている。それからお約束の小さな窓。マジックミラー調で、いかにもこの窓の奥から覗《のぞ》いているぞといった空気が漂っている。

　想像していた以上に、圧迫感がある。こんな狭い部屋に男３人が、長時間立てこもるのだ。白い壁のくすみ、殺風景な空間がものいわず迫ってくる。

取調室にはもう1人、男が待機していた。

「こちら、桜木刑事も担当です」

おお、かなりのイケメンではないか。しかも長身、かっこいい。「おはようございます」と挨拶する声にも、憂いと健《すこ》やかさがあふれている。

どうして刑事なんかになったのだろう。若い頃はジャニーズ事務所に出入りしてましたが、ちょっと女で失敗しまして早々と方向転換しました、といった感じだ。

ずっと後で知るが、桜木刑事は3人の子持ち。3人とも女の子だ。じゃ4人目は男の子を切望するだろうと問うと「いや、絶対に男の子だという確証がなければ、とても4人目などいけるものではありませんよ」といっていた。そんなこといわず、ぜひとも4人目の女の子を授かってほしいものだ。ちなみに宮下刑事も2人の女の子の父親だ。

まずは体をチェックされる。私はのちのち手錠も腰縄《こしなわ》もなんとも思わなくなったが、このボディチェックだけは、最後まで屈辱《くつじょく》感がぬぐえなかった。「何も持ってるわけないだろ」と反発心がムラムラとわき上がってくる。このあたりは人それぞれの感性だと思うが。

ポケットの携帯電話と鍵の束は取り上げられ、小型のプラスティック製ケースに入れられる。次に私の荷物が調べられる。ペットボトルのお茶も取り上げられた。汚いコップが貸与され、これに移して飲めという。

このルールは警察によって違うらしい。大阪はペットボトルそのままでオーケー。取調室が混んでいて別の警察で取調べをおこなったときは、飲み物自体が認められなかった。

理由はよくわからない。刑事たちも知らないようだ。要はペットボトルを使って攻撃される可能性を想定しているのだろうが、刑事２人にペットボトル１つで立ち向かう猛者《もさ》がいるとも思えない。刑事に勝ったとしてもここは取調室、抜け切るにはまだまだハードルが待ち迎えている。

２人の刑事は私が持ち込んだカバンの中に入っていた私の下着を、一所懸命に調べている。この日から彼らは６日間にわたって、私の下着を毎日丁寧に調べつくすこととなる。

自分のパンツを、無骨《ぶこつ》な手で触られるのは気分のよろしいものではない。必要以上の検査に腹が立ったので、明日は洗濯していないパンツを交ぜてやろうかとも思ったが、あまり意味がないので思いとどまった。

私は部屋奥の〝被疑者席〟に座った。私の正面の取調官席は宮下刑事の席だ。早くも容疑者の気分になってくる。私は殺人のような極悪非道な罪を犯していて、刑事は国家を背負って私に対峙《たいじ》しているような構図ができあがる。完全に「こちら側」と「あちら側」の世界だ。

宮下刑事は悠然《ゆうぜん》とこちらを見下ろしている。早くも何かいわねばいけない気分になってくる。黙っていたら有罪にされてしまう。こうしてはいられないっ、と焦《あせ》りはじめてしまった。

お白州《しらす》に引っ立てられる前に、お代官様にとにかくへりくだって好印象を示さなければならない。かみさんのいうとおり、現金をたくさん持ってきてよかった。いざとなったら差し出そう……。

3秒くらいの間に、それらのことがザーッと頭の中を流れていくような、とにかくかなり〝イヤな空間〟である。

「さあて」宮下刑事はたっぷりと余裕を持ちつつ、かなりうれしそうに、

「あなたには黙秘権があります。いいたくないことは話さなくていいという権利があります」

とおもむろにいった。だが、のちにしばしば出てくるが、この「黙秘権があなたにある」というのは、質問者側の都合や気分しだいでよく否定される。

「黙秘権というのは、あんたのような情けない人間のためにあるんじゃないんだよぉ」と何度か恫喝《どうかつ》される事態となるが、夏木弁護士との事前打ち合わせで、

「刑事とはそういうものだから、あまり気にしないでください。ああ、またいってるな、と思えばいいですから」

とアドバイスを受けていた。気にするなといわれても、それはそれで現場ではなかなか大変なのだけども。

しかし、いちいち頭にきていてはこちらの身が持たないのも事実なので、そんなとき私は努めて気にもしないし、抗議もしないようにした。えへへっ、と笑って洟《はな》でも垂《た》らしながら、バカのふりをしているのがいちばんである。怒りを示すのは、10回に1回くらいでちょうどいい。

さて、ついに記念すべき取調べの開始である。

私の経歴やいまの仕事、家族、そのほか私のことすべてを細かく聞くことからはじまった。プライベートもクソもない。友人にだっていいたくないようなことまで、ズケズケと聞いてくる。無回答などけっして許さない迫力だ。さすが一流の刑事、委細漏らさずの細かさと剛胆《ごうたん》さが同居しているかのようだ。

それから中田事務所の人間関係について聞いてくる。中田さんとの関係、寺本さんとの関係、そして大原女史との関係……。しかし私は中田事務所の人間関係、特に中田さんの業界組織のことはほとんど知らない。

質問は徐々に核心を突いてくる。

「それで渡辺さん、大原さんにはお金は払ったんですか」

私は肯定した。支払ったのは事実である。しかし、ウグイス嬢親分の竹下から大原女史も取調べを受けているという情報をもし得ていなかったら、私はここできちんと、払ったと答えられただろうか。事前に情報を取ることの重要性と、弁護士との事前準備がいかに大切かを早くも思い知らされた。

同時に、大原女史が、私に一切連絡をしてこない不利を痛切に感じた。刑事に脅《おど》されているのであろうが、これは私にとって痛かった。

取調室で何がいちばん困るのかといえば、情報が遮断《しゃだん》されていることだ。代表的な例でよく聞

く話として、

「ほかの人間はすべて正直にいっているぞ。話してないのはおまえだけだ。罪が重くなるぞ」

と刑事にいわれる。それが本当かどうか、わからない。

刑事のいっていることが真実か否《いな》か、まったく想像もつかなくなる。ひどく孤独な心情になるのはそんなときだ。

狭い遮断された空間で、世界にたったひとりぼっちになったようだ。

私の作戦「何でもかんでも話さない」

さっそく宮下刑事が切り込んできた。

「選挙のためのビラを配るための報酬として、お金を大原さんに払ったのですね」

私は否定した。私が主張した大原女史に6万円を支払った理由は、以下の4点だった。

①前の選挙でさんざんお世話になったお礼。無茶な仕事をいろいろ引き受けてくれたのに何も礼をしなかった。
②私の事務所に立ち寄ったときに、事務仕事を多少手伝ってくれた謝礼。
③生活が苦しいといっていて、アパート代に苦慮していたための支援。
④秘書など中田さんの仕事をこれからやってもらい、私のビジネスに有利に運んでいくための

先行投資、下地づくり。

当然ながら④が主な理由だ。あとは取ってつけたようなもので、単純に１つより４つあったほうがいいと考えただけだ。さらにあえていえば「秘書がダメなら、うちの事務所に入れる」といった心づもりもあったが、それはいちおう秘匿《ひとく》しておくことにした。

すぐに何でもかんでも、話してしまう必要はない。隠し球として、あとで裁判になったときに出せばいいものも用意しておこうと思った。

裁判になるまで取っておこうと思ったため、刑事にいわなかったことがいくつかあったが、実際に公判にはならなかったので、どれだけ有効なのかは最後までわからなかった。

しかし何でもかんでもいってしまうことが正しい戦略とは、いまでも思わない。夏木弁護士は私にいっていた。

「単純にいえば、聞かれたことのみ答えていればいいのです。しかもなるべく簡潔に。聞かれてもいないことを話すのは、相手に材料を与えると考えてください」

これは至言だった。理想的な回答は、「ハイ」と「イイエ」のくり返しだ。しかしなかなか、そううまくはいかない。

私は生来《せいらい》のおしゃべりで、聞かれてもいないのに、自らつい長々と説明してしまう。これでは敵に攻撃材料を与えるばかりだ。わかっていてもやめられない……、自分のいたらなさをこれから大いに知ることとなる。

4つの理由を披露《ひろう》したら、宮下刑事は無表情で私をじっと見た。

「渡辺さん、それはいくらなんでも無理があるなあ」

「そうですか」

「ダメダメ、そんなのはまるっきり通用しない」

「私はそうは思いません。本当だし」

宮下刑事は桜木刑事のほうを振り向いていった。

「なあ、どう思う？　笑っちゃうよなあ、あんまりつまらない言い訳で」

「おかしいですよね」

「ありえないよな」

「ありえないっすよ」

2人は顔を見合わせて、フェッフェッフェと笑った。まるで馴《な》れ合いのコントを見ているようだ。いまどき小学校の学芸会でも、こんな三文芝居は恥ずかしくてできない。私もつい、ニヤついてしまった。

「なに笑ってるんだ！」

突然、宮下刑事が凄《すご》んだ。いや、なにといわれても……。

このように書くと、宮下刑事も桜木刑事もものすごく性悪《しょうわる》に聞こえるだろうが、実際は2人ともスカッとしていて根はいい人たちだ。これはキャラクターではなく、警察組織が生み出した仕事の手法、システムにほかならない。

刑事の攻めどころは以下の３点だった。

６万円を払う際、私の「はんこを持ってきてくれ。全額一度に支払うから」というメールが、「分割を前提としている。本来１万円を６回払うべきものだから、こういった内容のメールが存在する」というもの。特に「全額」という言葉をわざわざ使っているのがあやしい、という。

また大原女史のメールに「初日にいいのですか。私は終わった後でもオーケーです」というのがあるが、「初日」というワードは選挙を想定しているから、選挙運動に対する謝礼ということになる、といったもの。

さらに大原女史は友人に声をかけて一度ビラ撒きを手伝わせたのだが、その経緯を私にメールで説明している。それが「友人にも依頼して、１日１万円の報酬を約束したのだろう、５万円プラス１万円で６万円、ぴったり数字が合う」というものだ。

まあ、金額を決めるにあたって大原女史のアパート代も６万円であり、手頃な額だろうと思ったのは事実だが、実態として運動員報酬として払うわけがない。私に何の得もないではないか。

私は現実的な支払い理由を裁判で主張しようと考えていた。だいいち女性の運動員１人に６万円を支払ったって、どうこうなる選挙ではない。１００万円でも１０００万円でも無理だ。私に買収の意図など皆無《かいむ》である。

だが、相手は屁理屈《へりくつ》で攻めてくる。ならば、どうして私がリアル買収をしたのか、そして票をどう考えて、どういう得票的な利益を目論《もくろ》んでいたのか、司法の場で立証してもらおう。公選法はしょせん屁理屈の世界だ。屁理屈には屁理屈で返せばいい。

そもそも私は、この運動員買収というものを憲法違反と考えている。車上運動員（ウグイス嬢など）には報酬を認めて、ビラ配りなどの地上運動員には報酬を一切認めないのは平等とはいいがたい。職業差別である。法定選挙費用には上限があるので、報酬を認めても運動費用の高騰《こうとう》にはつながらない。

はんこ云々《うんぬん》に関しては、私は自営業者であり、どんなときでも領収書をもらうクセがある。通常の習慣であり、特別なものではないと主張した。

「私は業者その他の支払いで、何十年も、つねにすぐに全額を支払う形態で仕事をしてきた。ときには集金をしていないうちから、支払いを先んじておこなう。そうやって信頼を築いてきた。それが私の仕事のやり方であり、染みついた手法だ。相手が何を基準にどう思おうが、私が何でもすぐに支払うのは不思議ではない。私にとっては、支払い＝キャッシュ＝6万円＝全額であり、支払いを説明しただけで日常会話の中の普通のやりとりであり、わざわざ特別な意味を示そうとするものではない」

大原女史からのメールに関しては、単に支払い時期に彼女が言及しているだけのことであって、それは買収といった証左《しょうさ》にはならない。

彼女の友達に関しては、誰がどうだと細々と報告メールはあったが、そんなもの私の知ったことではない。興味もなかったし、私にとってどうでもいいことだ、と突っぱねた。

初日は朝の9時半からはじまり、解放されたのは夜の10時近かっただろうか。昼食時間はもらったが、夜は食事の時間は与えられなかった。

かなり過酷だと感じた。2〜3度、15分か20分の休憩時間はあったが、警察の廊下ベンチでの休息などほとんど役には立たなかった。しかもベンチでは、刑事が必ず横に座っていた。

一日中、びっしりと気を張り詰めていなければならない。結果としてこの「任意という名の強制取調べ」は6日間つづくこととなる。

取調べは心を折るための作業

ここまで経験して、初めてわかったことがある。

ふだん、人はおおかた快適に過ごしている。「快適」とは金があって生活に関して何不自由なく、というのではなくて、いつでも自由に体を伸ばしたり水を飲んだり外に出たりと、「自分の自由意思で行動できる」という意味だ。

長時間、監禁状態に置かれるということを、リアルに理解するのは難しいと思う。**狭い密閉された空間に、複数の敵に長時間にわたって終始責めつづけられると、思考能力と判断力が極度に**

低下し、正常な精神状態を保てなくなる。

私は任意の6日間の取調べと勾留期間の23日間を合わせた約1ヵ月の間、ほぼそういった状況に置かれた。平時の状況下において、そんな精神状態を体感できる人は、まずいないだろう。

追い込まれるのだ。言葉や時間をはるかに超えて。

要は取調べと勾留《こうりゅう》とは〝早めにこちら側の心を折るための作業とシチュエーションづくり〟にほかならない。警察の狙いは、まさにこの一点にある。はっきりとそれを断言できる。じゃあどうすればいいのか。

精神を鍛《きた》えるとか鍛えないとか、そんな問題ではない。またどんなに鍛えても、それは無理というものだ。一度経験しなければ何もわからないのだから。

唯一《ゆいいつ》いえるのは、**とにかく楽観しきってしまうことだ。無理をしてでも、少しでもこの経験を楽しもう、笑おうとする以外に対策はない。**そういった心持ちになれれば、頭が少し冷えてくる。冷静にならなければならない状況であることは、自分がいちばんよくわかっている。

宮下刑事は、主張の3点を補強するためなのか、じつに細々とどうでもよさそうなことを聞いてくる。しかもそれが延々とつづく。**要は私に矛盾《むじゅん》することをいわせて、それを追及したいのだ。**

「お金はいつ渡しましたか」

「覚えていませんが、○○から○○の間のどこかでしょうね」

「思い出してくださいよ」

「そういわれても」

「大原さんのメールでは、こんな記載がありますよ」

「どうだったかなあ」

「○日はどうですか。こういったメールがあるから△△に行ったのではないですか」

「そうかもしれませんね」

「じゃあ○日でいいですか」

「どうかなあ」

「××だから、○日だと考えられますよね」

「必ずしもそうじゃないでしょう」

とまあ、こういったやりとりが延々とつづけられる。

宮下刑事はなんとしてでも、私に特定した答えをさせようと試みる。しかし本当に覚えていないことは答えようがない。それでも遮二無二《しゃにむに》答えさせようとするのが刑事だ。

普通の社会人で、どうでもいいことを1ヵ月前にさかのぼって答えられる人は、まずいないだろう。○日に銀行で1万円をおろした、○日の何時にこんな話を隣の人とした、○日にこんな買い物をした……。

私は日記や記録をつけているわけではない。それなのに**1ヵ月前にあった空気のような些細《ささい》な**

出来事を、是《ぜ》が非でもすべて回答を求めてくるのだ。初めは何かの冗談《じょうだん》で聞かれているのかと思った。

「答えられる人なんかいるんですか、こんな質問」

「もちろん、たくさんいます。スケジュール表はないのですか、渡辺さんは」

ないわけじゃないが、私のはものすごく大ざっぱだ。私の手帳は絶対に忘れることの許されない会議の日時などを記載しているだけだ。誰とどんな電話をしたとか、このときに鼻くそをほじくったとか、そんなチマチマしたくだらないことまで書きつづる趣味はない。

ラッキーだったのは、警察と家がとても近かったことだ。わずか1時間の昼食休憩だったが、家に戻って夏木弁護士と電話でやりとりすることができた。私は毎回、家に帰るたびに、夏木弁護士と電話で話した。ちょっとしたアドバイスの一言一言が、非常にありがたく、またとても勇気づけられた。

弁護士との頻繁《ひんぱん》なコミュニケーションは、単なる情報のやりとりではなく、たいそう大きな心のゆとりをつくる大切なアイテムだと思う。また弁護士にとっても、このコミュニケーションは今後の弁論活動の方針策定に役立つはずである。そういった意味でもひとりで悩まずに、早い段階からの相談は絶対に必要だと思う。

遠方から警察がくるときは「取調べはどこがいいですか」と聞いてくる。会社の近く、自宅の近く、弁護士事務所の近くなど、選択が許される。そんな場合は、**迷わず自宅近くをお勧めする。**弁護士とは連絡さえ取れれば必ずしも直接会う必要はないし、ちょっとした休憩でいちばんくつろげる場所が最適だ。

１日目のやりとりに、私はかなり満足だった。「いいたいこと、いうべきことはいった」という思いはあった。

だが後日、**私がどう主張しようが、まったく先方には関係がないことを知る。**私が何をいおうが警察にとっては「否認」、この一言だけであって、それ以上でもそれ以下でもないのだ。

10回聞かれたら10回とも同じ答えをする

私がヘトヘトになって帰ってくると、かみさんはさすがに心配そうだった。日頃は絶対にありえない振る舞い、たとえば缶ビールなんかも持ってきてくれた。正確にいえば発泡酒だが。

「どうだったの」

「いや、まあ、たいしたことなかった」

「大丈夫なの？」

「俺は大丈夫だ。体力的な疲労だけで、あとはどうってことない」

「家のことや娘のことは全然心配ないから。自分のことだけに専念していいから」

へーえ、珍しい。なんと前向きな発言なのだろう。

「あまりいろいろ心配しないほうがいい。なるようになる。観音様にもお願いしたから、悪いようにはならないから」

へーえ、珍しい。なんとあたたかい言葉なのだろう。そういえば、数日前から体調が悪いといっていたな。

私たちにはひとつ心配があった。前々から決まっていたかみさんと娘のニュージーランド行きが3日後に迫っていた。永住権更新の手続きにもよるが、オークランド滞在は3～4週間だ。

「行くの、やめようか」

「バカヤロー。キャンセル代がもったいねえだろ。必ず行け」

「だけど……、逮捕されて大阪行くようなことになると……」

「そんなのどうでもいいし、たいしたことない。全然大丈夫だし、おまえらが日本にいないほうが、安心して警察と戦える。じいさんもいるし絶対に大丈夫だ」

かみさんと娘が日本にいないほうが安心だというのは、ある部分本音だった。ニュースに私の名前が出るようなテレビは、娘の目に触れさせたくない。数日後に逮捕されるとして、だいたい1ヵ月後くらいまでは檻《おり》の中にいるはずだ。飯は向こうが用意してくれるだろうし、掃除洗濯だってなんとかなるのだろう。

とにかく1日でも長く、娘にはニュージーランドにいてほしい。

「せっかく金を使って行くのだから、現地の学校にも行くべきだ」

そういうと、娘はプリプリ怒る。私は夏休みなのだとエラそうに強弁している。

それにしても警察に海外逃亡したと思われたら困る。いや、困らないか。逆に都合がいいのかもしれない。

あれやこれや考えても仕方がない。そもそもこの分野の知識がないのだから。ニュージーランドへの出発について、私は夏木弁護士に相談した。

「事情を話して、聞きたいことがあるなら早めにしてくれと刑事にいったほうがいいですね」


取調べ２日目、私は再びお泊まりグッズを持って、警察に行った。宮下刑事にニュージーランド行きの事情を説明すると「そうですか。わかりました」と話はスムーズに進む。

私の取調べはまったくの継続内容で、相変わらず細かいことをグダグダと聞きつづける。宮下刑事が終始聞き役で、桜木刑事はずーっとノートに書きつづけている。

ときおり、雑談が入る。

「最近私は、未経験だったスポーツをはじめましてね。何だと思いますか」と宮下刑事。

「さあ」

「ボクシングなんですよ。ジムの会員になりまして」

「試合もやるんですか」

「いやいや、ストレス解消ですよ」

「ダイエットも目的ですか」

「それもありましたが、終わってからビールを飲むからダメですね」

よくしゃべる人だ。刑事という職業は、みんなおしゃべりなのだろうか。

私はかなり昔に参加した政党関係者によるセミナーでの講演を思い出していた。政党の仕事に長くたずさわった弁護士が講師だった。

「**とにかく警察は同じことを何度も何度も聞きます。**違う人が、あるいはタイミングや表現を変えて、とにかく同じことをくり返し聞きます。**10回聞かれたら、10回とも同じ答えをすることが必要です。**一度でも違ったことを答えると、そこから突っ込まれて刑事のいうとおりの調書（供述調書）を取られてしまうハメになります」

そのときは「そんなくだらないことを公的機関がするわけがない」と思っていたが、実際はまるっきりそのとおりだった。

そうか、同じことを答えればいいんだな。わりと簡単かもしれない。そういえばこうもいっていた。

「**警察は初めから捕まえる陣営や人間を決めています。**それがどういうように決められるのかはわかりませんが。決まった陣営のみに対して、**選挙前から相応の規模で捜査員を投入し、綿密な捜査活動をしているのです**」

ん？　ホントか？　まずいじゃないか。やはり決められているのだろうか。講演どおりなら、敵は用意周到だ。

この頃、多くの仕事仲間から電話が入った。冷やかしぎみの電話もあったが、多くは心配して電話をかけてくれたものだった。

日頃ならどうってことのない会話、何気ない電話のひとつひとつが、本当に心強かった。この励ましの電話の数々が、タフな気持ちを無理やりにでも保っていく源泉になった。自分はいい仲間を持って幸せだなあ、と心底思った。

困難時こそ人のありがたみを知るなどとよくいうが、まさに本当だ。途中、あるいはすべてが終わった後であるが、やはりさまざまな人たちがいた。心から心配してくれた人、口先だけの人、気にもしない人……、いろいろあってじつに面白い。

そういえば数日前にじいさんの家に行き、かみさんと３人で今後のことを話し合っていたら、かみさんがいきなり「あなたたちはよくパクパクとご飯を食べますね。私は痩《や》せてしまうから無理して食べてるのに」と感心していた。なるほど、たしかに彼女の頬《ほお》はたった数日で急激にこけてしまっている。

「あんたの部屋の前を通ったら、まだ10時だというのにグーグーと、すごいいびきが聞こえてきた。どういう神経してるの。しかも毎日だよ」

ここには警察に対する日本人と中国人の感覚的な違いもある。日本人は「警察は無理無体《むたい》なことは、普通の市民に対してはおこなわない。基本的に暴力はふるわない」というイメージがある。しかし中国は違う。

もうひとついえば、私の出身地北海道の人に特有の「ボーッとした感覚」というのがある。それはよくいえば、ひと頃はやった〝鈍感力〟であり、その分野において他県を圧倒するものがあるように思う。あくまで個人的な考えだが。

宮下刑事はときどき「どうですか、体調は。よく眠れますか」などと聞いてくる。バカみたいなので、「ええ、たっぷりと」とは答えにくい。「いえ……なかなか」と終始あまりよく眠れないふりをつづけた。

刑事にバカ正直に答える必要はない。眠れるなどと答えようものなら、きつい取調べがさらに過酷化し、時間も長くなるだろう。

強気のかみさんが取調べに大泣き

この日、かみさんが警察に呼ばれ、帰ってくるなり大泣きしはじめた。これは珍しい。一緒にいて20年近くたつが、その間泣いたのを私が見たのは数回だけだ。とにかく気が強いのだ。それがこれだけ泣くのだから、相当に怖かったのだろう。

取調室に5時間近く監禁され、ずっと質問攻めにあったという。脅されたり、威嚇《いかく》されたりしたらしい。まあ、向こうとしては夫を捕まえようとしているのだから、当然といえば当然だ。それにしても何を中心に聞かれたのか興味がある。

私に選挙のアルバイトを頼まれなかったか、というのが主なテーマだったとのことで、どうやらかみさんに対する運動員買収を彼らは目指したらしい。

アホじゃないだろうか。家族に対して、アルバイトも買収も何もないだろう。家族間ではつねに家計費や学用品などで、金銭をやりとりしている。メールもしている。金をくれとか、さっさと支払えとか、日常的にかみさんとバトルをくり返しくり返し、気づけばもうすぐ20年だ。５万円払えとか、肩を揉んでやるからバイトだよ、とかまさにそれは日常会話のひとつとなっている。

「それでなんと答えた？」

「アルバイトを頼まれたけど、やってないといった」

ダメだろう、それじゃあぁぁ。私は頭を抱えた。

刑事が作成する調書（員面調書。司法警察員面前調書の略）は送検、起訴を前提として記述される。裁判の材料となるものだから、捜査の側としては、なんとしてでも裁判官を納得させねばならない。だから調書はある程度そのための作文となるのは事実である。**罪に関しての否定的要素は、現実にはあったとしても一切書かれない。**

「バイトって言葉を使ってはいけないと、ちゃんと打ち合わせをしただろう」

「怖くて怖くて、それどころではなかった」

彼女は帰化していまは日本人になっているとはいえ、根は中国人だ。考え方や古くからの慣習、習性は中国人のものにほかならない。

中国人にとって警察といえば、中国公安だ。民主国家ではない中国において、公安は市民にとって強権者の一番手であり、もっとも身近な国家権力の象徴だ。密室での暴力や拷問《ごうもん》は当たり前で、場合によっては怪我《けが》をさせられても文句はいえない。

私はかみさんと一緒に、結婚前の大昔に一度中国に行ったことがある。誰の知り合いなのかよくわからないが、制服を着た屈強な警官にパトカーで、近隣観光エリアを一日案内してもらった。いいのかパトカーで、と警官に聞いたら、まったく問題ないとのご回答。運転してみるか、と彼にいわれたが、さすがにそれは遠慮した。意味はわからなかったが、なぜか警察署内にあったライターもプレゼントされた。

どこの観光スポットでもそれはもう大変な公安パワーで、列に並ぶことはなく料金を払った形跡もない。日本の警察権力とはまったく異質で、民衆の畏怖《いふ》する様子がヒシヒシと伝わってきた。

余談だが親類縁者10人くらいで街場のレストランで会食をしていると、次々と知り合いらしき人が現れて、そのたびにかみさんはタバコだとかチョコレートだとか、安物ネクタイだとかを土産だといって渡していた。「いまのは誰だ」と聞いたら市のエラい人だとのこと。ホントにわけがわからなかった。

それはさておき、あの狭い取調室で2人の男に囲まれて、さぞ恐怖でいっぱいだっただろう。

私はかみさんと出会ってから初めて彼女がかわいそうになり、またつらい思いをさせてしまったと申し訳なく思った。

とにかく夏木弁護士に電話を入れ、直接かみさんが夏木弁護士と話をした。かみさんも、言葉がソフトで親身になってくれる夏木弁護士を大いに頼りとした。

「明日もう一度警察に行くけど、時間は夜だから、午前中に夏木弁護士の事務所に行ってくる」

「そうか。疑問点や答え方をくわしく、納得がいくまで聞いてこい」

「明日は検事の取調べだって」

「検事がわざわざ東京まできているのか」

「検事のほうが警察より怖くないからいい」

いや、違うと思うけど。

「弁護士の相談は、タダなのかな」

「いや、タダじゃないが、一回一回お金を請求されるわけじゃないから大丈夫だ」

実際、夏木弁護士は最後まで安心価格で面倒をみてくれた。

それから私はかみさんに、おこなわれている取調べは任意といって、話したくなければ話さなくていいこと、昨日の取調べは恐怖でいいたくないことまで話さなければならなかったと主張すること、アルバイトの約束など一切していないときちんと主張すべきだ、などをレクチャーした。

「とにかく弁護士の先生と話してくる」

　私のいうことには、ストレートには反応しない。ふだんと変わりなくなってきた。

かみさんの逆襲

　翌日、バリッとした格好をして、かみさんは意気軒昂、弁護士事務所まで出かけていった。私はまた取調べに挑《いど》んでいった。

　取調べの初めに、宮下刑事に噛《か》みついた。

「昨日うちの女房が大泣きして帰ってきまして、恐怖の中で取り調べられたといっています。これは問題じゃないですか」

「そうですか」宮下刑事はどこふく風だ。私は主張しつづけた。

「5時間の取調べで、3回も泣かされたといっています。これは異常です。私ですら、彼女が泣いたところはほとんど見たことありません」

「渡辺さんは奥さんを、虚言癖《きょげんへき》があるっていってましたよね」

そんなことは一言もいっていない。気が強くて絶対に主張を曲げない、といっただけだ。

　しかし刑事とは、そんなものだ。彼のいうとおりなら、そもそも虚言癖がある人に聴取をしても意味がないではないか。自分でいったことの矛盾に気づかないのだろうか。

　私はお茶をすすって気を静めてから、長々としゃべった。

「彼女は中国人です。中国といえば公安警察です。民主主義のない国家の中で、国民の公安警察へのイメージは、われわれ日本人とはまったく違っています。暴力をふるわれるのは日常茶飯事《さはんじ》、たとえ殺されたって文句はいえない。ましてあの年代は父母が文化大革命の時代で、両親の薫陶《くんとう》を受けて育てば公安の恐ろしさは知り尽くしているし、成長期には天安門事件も見ています。あなたがただって国際社会の中で活躍する日本の警察だ。あの年代の中国人の気質を知りながら、それを利用して取調べをおこないましたね」

宮下刑事はようやく真剣に耳を傾け、ややあわてた様子だ。

「いや渡辺さん、それは違う。そんな事情は一切知らない。それに奥さんは、日本語が大変に上手です。ペラペラだ」

知らないわけないだろ。素人《しろうと》だって中国の公安は知っている。

「上手に見えるかもしれませんが、言葉のニュアンスの細かいところまではわかりません。アルバイト、仕事、労働、ボランティアの区別だって、あやしいものだ」

私は暗に、昨日の取調べは不当であり、無効であることを主張した。

「それはないでしょう。何年も日本にいるんだから。私たちは日本人であろうと外国人であろうと、一切区別はしません」

これはある意味、勇気ある発言だ。これだけ外国人が増えて、外国人の犯罪も多くなっているなかで、取調べも日常茶飯事のはずだ。まして大阪府警が管轄するのは大都会、外国人犯罪者と関わらない日はないだろう。

一切区別しない、とはどういった意味なのだろう。これは私が宮下刑事と、日本語コミュニケーション能力の話をしているときに出てきたセリフなのだ。人種差別問題を話しているのではない。ある程度会話ができれば、外国人であろうが言葉のニュアンスは理解できまいが、どんどん刑事のいうまま調書を取っているのだろうか。しかも日常的に。事実うちのかみさんは、そんな目に遭《あ》っている。

実際、彼女は日本語がうまくない。私とのけんかでは私の3倍のスピードでペラペラしゃべるけど、すぐに日本人ではないとわかる。致命的なのは、難しめの言葉の意味、差異に無頓着《むとんちゃく》なことだ。大人になってから覚えた日本語は、発音も言葉の意味の把握《はあく》も、かなり大ざっぱになる。

「あなた、私のおかげさまで……」なんて、平気でいっている。

しかしこれ以上、宮下刑事と論争していても意味がない。

「この件で弁護士と相談しましたが、しかるべき措置《そち》を取らせていただきます。また今日の検事取調べで改善が見られない場合、協力しないようにと進言されました」

〝しかるべき措置〟というように、具体的にいわないほうがいいととっさに判断した。なあに、たいした措置があるわけではない。せいぜい、かみさんがふて腐れる程度だ。

私はその日、娘がひとりで家にいるのだと主張して取調べを早く終わらせ、6時頃に家に帰った。娘は居間でテレビを見ていた。

「ママは？」

「出かけた。遅くなるから、晩ご飯はパパと食べろって」

「あっ、そう」

私は娘と一緒に、テーブルに並べてあった夕食をもそもそと食べた。

ところが８時になっても帰ってこない。

「ママは何時頃に出ていったんだ？」

「さあ、わかんない」

相変わらず頼りにならない。何を聞いても、わかんない、忘れた、ばかりだ。思春期とはこんなものだったか。

９時を過ぎた。帰ってこない。10時を過ぎて、私の我慢《がまん》は限界に達し、つながらないのを承知でかみさんの携帯に電話を入れた。すると普通に出るではないか。

「おお、大丈夫なのか」

「いままだ途中だから。すぐ帰る」ガチャンと電話を切られた。

10時半になった。11時近くになっても音沙汰《おとさた》なし。今度は電話をしても出ない。

私は娘に「おまえの携帯から、ママに電話をしてみろ」と命じる。

「えーっ、いいよ。面倒くさい」

こいつ、ホントに腹が立つ……。

「いいから早く電話をしろっ」

「まったく、もう」こっちがいいたいよ、まったく、もう。

娘からの携帯はすぐにつながった。

「あっ、ママ。うん、……そう、わかった、じゃあね」

5秒くらいで電話を切る娘。

「ママ、なんだって？　どうしたって？」

娘は読んでいた本に再び目を落とし「もうすぐ帰るから、顔を洗ってから寝ろって」。

あほ娘っ！　私は心の中だけで毒づき、奥の部屋に引っ込んで夏木弁護士に電話をかけた。

「夜分にすみません。夕方に出かけていき、まだ警察にいるようなんですが、かみさんが拘束《こうそく》される可能性はありますか」

翌日はニュージーランドに飛び立たねばならない。私はひとりで焦っていた。

「いや、それはないとは思いますが。私が警察に電話をしてみましょう」

いったん電話を切ってから5分もたたないうちに、夏木弁護士からかかってきた。

「どうも調書にサインをするしないで、揉《も》めているようです。心配はありません」

「そうですか、ありがとうございました」

ひと安心した。こうなったときのうちのかみさんは世界最強だ。ヒョウ柄の服を着た大阪のおばちゃん並みの怪力を発揮する。

それにしても明日は成田空港に行かねばならない。さっさと帰ってきてほしいものだ。

12時近くになって、ようやく戻ってきた。

「どうだった？」

「私の話はよく聞いてくれた」

「バイトとか、いってないよな」

「いってない」

それから独自の説明を延々聞かされる羽目になったが、さすがに疲れていたのか、早めに切り上げとなった。

昨日の刑事取調べの内容は否定してきた、検事はきちんとしたやさしい男の人だった、アルバイトの約束はしていない、私とのメールにお金の話は何度か出ているが選挙とは関係ないといった、などと説明した。

「調書にサインをするとかしないとかで、時間がかかったのか」

「いや、そうでもないよ」

「通訳をつけろと要求したのか」

「いったけど、無理だといわれた」

ああ、そうですか。ということで、私も疲れがどっと出た。明日は空港に送りにいくので、取調べは午後からにしてもらっている。

翌朝、2人は元気に成田空港から飛び立っていった。これで安心、私はひとつ肩の荷を下ろしたような気分になった。

この日は警察の玄関まで、桜木刑事が出迎えにきていた。

「昨夜はうちのがずいぶんと深夜まで拘束されていたようで。子供がいる主婦に対してひどすぎるんじゃないですか」と私は開口一番にいった。

桜木刑事はあわてたように、

「いや、違うんですよ、渡辺さん。調書は8時過ぎにできあがっていたのですが、奥さんがあれは違う、これは違うといいはじめて。この言葉の意味は何ですか、これはどういう意味ですかと、あげくの果てには初めから書き直してくださいのくり返しで、検事がホトホト疲れたといっていたくらいですから」

調書ができあがってからなんと4時間近くも、自分が納得いくまで説明を求めてやり直しをくり返していたらしい。わざわざ大阪から出張ってきた検事は、さぞうんざりしただろう。桜木刑事に文句をいったのが、逆に恥ずかしくなってしまった。

その日も厳しい取調べを終えた後、じいさんの家に立ち寄った。じいさんも血圧が高めだし、こんなときに倒れられたらたまったものではない。クギを刺しておく必要がある。

するとソファに寝そべってテレビを見ながら、いつものように焼酎《しょうちゅう》をロックで飲んでいるではないか。ワンカップを軽く超えるような大きなグラスに氷を浮かべ、焼酎がなみなみと注がれている。

今日明日にも自分の息子が逮捕されて大阪に連れていかれるかもしれないのに、じつにのんきなものだ。83歳にもなると、たいていの出来事にはビクともしない。

「何があるかわからんから、酒はひかえろといっただろう」

「いや、そんなに飲んでないよ。１杯目だし」

明らかにウソだというのがわかる。〝いけしゃあしゃあ〟という言葉が頭の中をよぎる。鈍感力の神髄《しんずい》を見せつけられた思いだった。

「渡辺さんが悪いことをしたらしい」が拡散

さて取調べも４日目に突入したが、この日の昼頃から後は終始、同じことのくり返しのみだった。宮下刑事の話、説得は長時間におよんだが、同じ繰《く》り言《ごと》ばかり。それをずーっと話しているだけの時間が過ぎていった。

宮下刑事の話は、以下がすべてだった。

(1)6万円はビラ撒き運動の報酬、つまり買収目的だったと認める以外にない。一刻も早く認めるべきであり、そうしないと捜査の手はどんどんと広がって、知人、親戚、顧客、ご近所へと迷惑をかけることとなる。

(2)贖罪《しょくざい》の気持ちを司法に伝えられるのは担当刑事である自分だけだ。認めないとますます罪は重くなる。

(3)自分は昨日今日に刑事になったわけではない。証拠はそれ以外にもたくさんそろっているので、罪は決まっているのと同じ。自分の刑事としての立場、成績はべつに関係ない。認めても認めなくても結果に影響はない。

(4)認めなければこのまま裁判までどんどん進んでいく。

この4点に、領収書のはんこの件、私と大原女史のメールの内容、大原女史が友人を誘った件などを混ぜながら、同じことを何度も何度も聞いてくる。

事実、**ありとあらゆるところに刑事からの電話、訪問は展開されていた。**

取引先、顧客はもちろん、ずーっと昔に私と一度だけ取引があった会社で、さらに私のことなど思い出せないという担当者のところにまで捜査の手は伸びていた。まったく関係のないかみさんの未成年の姪《めい》にまで電話をして、アルバイトを頼まれなかったかとしつこく聞いたらしい。姪は「妙に猫なで声で気持ち悪かった」との感想だった。このようにして警察に好意も悪意も持っていなかった青少年を、警察嫌いに育《はぐく》んでいくのだろう。

いちばん困ったのは取引先だ。「あの渡辺さんが、何か悪いことをしたらしい」と必要以上に**噂が部分的に拡散**し、いまもって完全には説明しきれていない。また、たとえば住んでいるマンションや店舗など私の知り合いではないところにも行っているので、見知らぬ他人の視線が結構怖い。

弁護士によると、⑵はちょっと実情が違う。罪状や量刑をまず決めるのは基本的に刑事ではなく、起訴する権限をもつ検事だ。いくら刑事が情状酌量《しゃくりょう》を訴えても、ほとんど関係ないらしい。ましてや刑事は私のような人間（つまりこんな罪で強情を張りつづけたヤツ）に対して、積極的な情状酌量を訴えることは皆無《かいむ》に近いということだ。

そりゃあ、そうだ。意味がないことに熱を入れる公務員はまずいない。

実際、大阪府警は公示（６月22日）の約１ヵ月前から公示以降までの約２ヵ月間にわたって、そこそこの規模の捜査本部を立ち上げていると私は思っていた。のちの取材によると、それはなんと60人規模だった。

日本の警察官の平均年収から割り出した時給は４０００円だそうだ。８時間働いて、３万２０００円という勘定になる。60人で１日１９２万円の人件費だ。当然残業代だってあるだろう。軽く１日２００万円は超す。

約２００万円の日当が60日分で、１億２０００万円だ。そのほか、東京への長逗留《ながとうりゅう》がある。10人近くで2週間も東京にいれば、経費を含めた出張費は大変なものになるだろう。交通費、宿泊費、食費、車両費、機材費、活動費……、当然大阪で必要なものもある。軽く見積もってみたが、どう少なく見ても数千万円はかかる。しめて1億５０００万円だ。

軽くかるーく見てもかなりの数字、話半分としても７０００万〜８０００万円。話３割としても５０００万円。これだけのお金を、メール１本の罪で捕まった寺本さんと私の２人のために、貴重な税金から使っていただいたのだ。申し訳なくて涙も出ない。

⑶と⑷については、どう考えてもおかしい。私のためにいってるわけがない。刑事が自分の立場やポジションより、被疑者のことを思ってるなんてありえないのだ。昔なじみでもあるまいし。証拠がそろっているなら、さっさと逮捕してさっさと送検してほしい。

夏木弁護士は「**おそらく集めた証拠だけでは公判の維持は難しいと考えているのでしょう。だから自白がどうしても必要なんですよ**」といっている。

このまま裁判まで進んでいく、とせっかくいってくれるのだから、さっさと進めてほしい。

取調室の中で豹変する刑事

４日目の午後から、完全な膠着《こうちゃく》状態に入った。もうくり返しの連続である。私はいった。

「こんな状況でいても仕方がないので、早く司法の手続きを進めてほしいですね」

宮下刑事はなかなか諦《あきら》めない。

「真実はひとつしかありません。早くその真実をいうべきなんです。弁護士さんにも相談してみてください。どうも渡辺さんは、弁護士と時間を取ってきちんと話していないようだ」

いや、ちゃんと毎日相談してますぜ。

「きちんと相談してみてください。弁護士さんにはウソをつかず、正直に話してください。さもないと弁護士さんの判断も間違ってしまいます」

いや、全部相談してるって。

「簡単なことなんですよ。全然難しくないんですよ、この案件は」

じゃあ、さっさと逮捕するなり、大阪に連れていくなりしろよ。

宮下刑事は前記４つのテーマを、それぞれだいたい15分くらいであれこれと話してくる。つまり１時間でワンサイクルだ。これを延々とくり返していく。２時間でツーサイクル、３時間でスリーサイクル……。疲れを知らない。たいしたものだ。普通なら話している自分もイヤになってくるだろう。そんなそぶりは微塵《みじん》も見せない。

その間私は宮下刑事の目を一瞬たりともそらすことなく、ときにはせつなそうに、ときには真剣な表情をし、ときには睨《にら》みつけながら、ずっと見つづけていた。宮下刑事が先に目を離すまで、絶えず彼の目を見つづけた。

べつに深い意図があったわけではないが、刑事側につけ込まれないように、またくり返しの中にも宮下刑事のメッセージがまぎれ込んでいないか発見しようと試みていたからだ。

たとえば「検事の方針は○○だぞ」などの言葉だ。認めた場合、認めなかった場合の具体的なメッセージが何かまぎれ込んでいないか、ここはしっかり聞き込もうと集中していたのである。

もちろん刑事は被疑者に対して、いってもいいこととダメなことがあるだろう。しかし付き合いが深くなってくると、会話の中に何気なくメッセージを伝えようとしてくる可能性だってあるかもしれない。

私としてはちょっと危険だったかもしれないが、私は宮下刑事、桜木刑事とも、やや仲良くなりかけていた。要するに2人とも〝いいヤツ〟なのである。個人的なキャラクターとしては、イヤみな感じはほとんどなかった。

もっとも、刑事特有の職務上のイヤらしさはしばしば垣間《かいま》見えた。

たとえば警察の玄関までどちらかが迎えに出てくるのだが、いたって普通、健康的、良識的な人たちなのだ。しかも無理につくった態度ではなく、本当に素でいい人たちだ。

「あっ、どうもご苦労さまです。血圧の具合はどうですか。そうですか、それはよかった」

ところが、取調室に入ると雰囲気は一変する。

「さてと、それではこれからは仕事ということで……」

徐々に厳しい刑事さんに変身し、いつの間にか態度はもちろん言葉遣いも乱暴なものになっていく。これぞプロ魂！　この態度はずっと最後まで一貫していた。じつにはっきりしていて清々《すがすが》しい。

　あるとき、ここの警察署の警官らしき人が様子を見に、取調室に入ってきた。宮下刑事にやや強い調子でいっている。

「守ってくださいよ、きちんと」

「はい、大丈夫です」

「それだけはきちんとお願いしますね」

「ええ、それはもう」

　取調時間をきちんと守れというのか、暴力行為はけっしてするなというのか、地元警察官は宮下刑事らに注意をうながした。さすが天下の警視庁である。

　どんどんいってやれ、いってやれ。私は地元警察官を頼もしく感じた。

　面白いこともあった。通勤で使う駅で、ときどき見かける小柄でかわいらしい女性がいた。なんとその娘《こ》が、私が毎日通う近所の警察署にいたではないか。警官の制服を着ている。この娘は警官だったのかと驚いた。

　近所でたまに見かけるおっさんも警察官だったのが判明した。意外と知らないだけで、身近なところに警官はいるものだなあと妙に感銘《かんめい》を受けた。あなたの近くにも、知らない警官が絶対に何人かいるはずだ。

長時間の取調べで意外だったのは、何気に暇《ひま》になると、ついポケットをまさぐって携帯を探そうとしてしまうことだ。もちろん携帯は押収されているし、じいさんから一時的に借りている携帯も取調べ中は没収されている。

私はスマホではないし、携帯依存者でもない。しかしメールをチェックしたくなったり、時間を確認しようとしたり、あげくにはニュースを見ようとしたり、無意識に携帯を求めてしまっている自分がいた。これはまったく予測していなかったが、自然で無意識であるがゆえに恐ろしいことだと思った。

刑事は取調室では一切水分を口にしない。自分がトイレに行きたくなったら困るためなのか、被疑者に弱みを見せないためなのか。「俺たちはおまえと違って何も飲んでないんだぞ」とこちらにアピールするためなのか。

休憩で廊下に出たら一緒に自動販売機でジュースを買う。互いにおごりは一切なしだ。

「大阪府警は維新に給料を下げられた。覚悟しておけよ」

私がその昔聞いた政党関係の講演どおり、やはり警察はターゲットを事前から狙って活動するのだろうか。

公選法に限っては、よほど事後になってひょんなことが明るみに出る案件以外は、そのとおりだと考えざるをえない。なぜなら多くのケースにおいて、投票日の翌朝早く、日の出とともに一斉に警察の皆様方がやってくるからだ。

よほど前から、相応の規模で長期間にわたって捜査をしていなければ、このような芸当は不可能だ。警察は候補者のまわりにいる多くの人たちの人間関係、職業や家族構成、住まいなど、民間では絶対に調べようのない量のデータをすでに収集していた。

先に書いたとおり、今回は60人規模で約2ヵ月間をあてたらしい。大阪で立候補したすべての候補者に対して、このようなきめ細かな対応をしていたら、警官の数も予算的にもパンクしてしまう。事前に決めておかなければ、絶対に無理なのだ。

任意取調べの途中から桜木刑事がいなくなった。桜木刑事は東京での捜査の側に回ったらしい。代わって登場したのは、大柄でいかにも「あらゆるスポーツをバリバリやってました」といった風貌《ふうぼう》の大道刑事だ。ハンドボールをやっていたという。桜木刑事に負けず劣らず彼もナイスガイだった。ほかにも出てくるが、大阪府警の刑事さんは、どうしてこういい人ばかりなのだろう。それとも私だけが、たまたま相性がよかっただけなのだろうか。

大道刑事は体がでかいだけに、桜木刑事より迫力はある。取調室の中で会話が膠着してくると、彼はこういった。

「選挙のずっと前から全部調べているんだから、ウソをついたってダメなんだよ」

彼のセリフで、やはり〝決められた捜査〟であることが実証された。

たしかにずっと前から張っていたのは間違いない。そりゃあそうだよなあ、なにせ中田さんに寺本さんを紹介した現場から押さえてるんだからなあ、とその組織力と力の入れ具合には恐れ入った。

しかし、ずっと調べてたのになんで真意がわからないんだよ。私は大道刑事の巨大な面積の顔面を見上げた。

さて、話は3年前、2013年にさかのぼる。第23回参議院選挙の直前だった。

業界の仲間である高橋さんから連絡があり「自分は逮捕される可能性があるので、一緒にやっていた仕事に関して何かあったら頼む」という。公職選挙法違反の疑いだ。

「どうしたの」話があまりに唐突だったので、私は聞いた。

買収の疑いで、大阪府警が出張ってきて、高橋さんの会社、自宅ともにガサ入れが入った。

彼はそのとき、日本維新の会（維新の党の前身）の参議院比例候補者へのアドバイスなどをおこなっていて、その活動の中から、高橋さんが主導をしてアルバイト代金を支払って選挙のビラ撒き活動をしていた、とされたという。

しかし高橋さんの認識では、ビラ撒きを頼んでいたのは公示前で、選挙期間ではない。つまり選挙活動に対してアルバイト代を払ったのではなく、政治活動に払ったというものだった。政治活動に対してアルバイト代を支払うのは、もちろん自由だ。

しかし大阪府警は、ビラの内容から些細な選挙ワードを1ヵ所見つけ、

「これは政治活動を目的としたものじゃなく、事前選挙活動を目的としている。選挙活動用のビラ配布に人件費を払ったのだから、これは買収罪に相当する」

と断じたという。いわゆる「選挙活動と密接に関わる政治活動」というやつだ。それは違反となる。しかし両方のシステマチックな区別は、たぶん誰にもできないだろう。検事や裁判官にだって無理だと思う。

彼は否認しつづけ、結局3ヵ月近く拘束されることとなった。警察に勾留されつづけ、最後の1週間は大阪拘置所で過ごした。

ガサ入れにきた大阪府警の刑事は、高橋さんに向かってこういった。

「俺たち大阪府警は、維新の橋下に給料を2割も下げられた。維新に対しては徹底的にやるから、覚悟しておけよ」

本当に2割も下げられたかどうかは定かではない。しかし公務員改革を旗印に掲げる維新は、公務員すべて、当然大阪府警に対しても経費削減の嵐をお見舞いし、容赦《ようしゃ》しなかった。それこそ徹底して、あらゆる経費の見直しを強《し》いた。

高橋さんは3ヵ月の間、20人くらいの刑事と接したが、みんな口々に維新の常軌《じょうき》を逸《いっ》した節約指示と無理筋を非難したという。

「見てよ、高橋さん。このパソコンのコードも文房具ケースも、所属や名前が書いてあるでしょう。これ全部、私たちが自前で買ったんだ。維新はひどいよ。給料なんか下がりつづけて、あと

1年我慢しろ、もう1年我慢しろといいつづけている。いつまで我慢すればいいんだ。もう限界に近いんだよ、私たちも」

俺とは関係ないじゃないか、といいたかった高橋さん。それでも刑事たちは取調べの最中に、維新を非難しつづけた。

高橋さんは3ヵ月の勾留の後、保釈金を支払って出てきた。そして最終的には弁護士のアドバイスに従い、否認をやめて執行猶予《ゆうよ》付きの有罪となった。

「とにかく大阪では、維新は狙われているから」

高橋さんは厳《おごそ》かにいった。まんざらそれが大げさとは思えない。


今回の件がすべて終わった後で多くの選挙関係者や業界仲間と話をしたが、聞かされた内容は共通していた。

「参議院比例は大阪で維新に近づいたら危ないのは常識でしょ」

「比例の大阪選挙で維新じゃ捕まっても仕方ないよね」

「渡辺さん、大阪府警と維新の関係を知らなかったわけじゃないでしょう」

とまあ、なんとも見事に一致していた。

じゃ、なんで私は友人とはいえ、維新の候補者に人を紹介したのか。最初に戻るが「まさかこの私が……」である。熱心に頼まれたとはいえ、甘いという以外にない。

中田さんが狙われる要素について、中田さんは自分でこういっていた。

「維新は個人的な立候補者が多く、組織をバックに出ている候補者はほとんどいない。だから自分が狙い撃ちにされる理由は十分にある」

たしかに中田さんの東洋医学の組織は全国的な大組織とはいえないまでも、維新候補の中では断トツに大きな支援団体だ。そのバックはけっして小さくない。組織もろとも挙げたとなると、大阪府警としては、してやったりだろう。

たとえばこのときの参議院選挙では、別の政党候補者の地元事務長が逮捕された（大阪ではなく他県）。案件はアルバイト買収で、電話かけアルバイトのおばさま数人にアルバイト代、すなわちいくばくかの労働報酬を支払ったというもの。電話かけは単純労務ではなく選挙運動なので、このバイト代に買収罪は適用される。

ところが他党候補者の場合は、地元事務所関係者以外、ほとんど捜査がおこなわれなかった。他の責任者１人に対して事情聴取が何度かあったらしいが、それ以外は誰も警察から電話一本なかった。

対して、私１人のために、大阪府警は軽く１００人を超える東京の友人、知人、親戚、はてはまったくの他人にまで聞き込みや電話聴取をしていた。えらい違いである。

ちなみに、私の事務所のオヤジ・和泉も、わが事務所近くの警察に３時間ほど拘束された。「カツ丼はまだですかぁ。昔学生運動で捕まったときは、上カツ丼をいただいたんですけど」など要求して嫌がられていたらしい。また、かつて衆議院選挙で、寺本さん、大原女史とともに戦ったときの選対責任者も、大阪府警に呼ばれ2時間ほど聴取された。

この警察対応の違いにはカラクリがある。中田さんはずっと前からターゲットとして警察に捕捉されていた。一方、他党候補者は内部からの告発があったからで、警察側から積極的に捕まえようとしたわけではなかった。そもそも警察の態勢がまったく違っていた。

「捕まえる選挙事務所は、選挙のずっと前から決められている」

政党講師の断定はあながち間違ってはいない。

カルト教団の手法と同じやり方

任意取調べは5日目に突入した。

食事休憩や小休止はあれど、朝から夜までの拘束は基本的には変わっていない。ただし「かみさんと子供を空港に送っていく」だとか「午前中は弁護士事務所に行く」だとか「今日は病院へ行く日だ」などと正当な理由がある場合は、気持ちよく数時間以上の猶予《ゆうよ》が与えられた。

しかし、それで私の気持ちにゆとりができるということは一切なかった。

取調べはまったくのくり返しである。「認めろ」それ以外にない。

「あなたの謝罪の思いは私が受け止める」

「真実はひとつしかない」

「もう証拠はほかにもたくさんあるのだ」

「このままでは罪が重くなる」などである。

私は宮下刑事のくり返しの中に、何かメッセージが隠されていないか、必死に耳を傾けつづけた。しかし相変わらず、単純なくり返しのみ。いつまでたっても新しいメッセージは伝わってこない。

私は「真実はひとつである」に対しては、大いに反論があった。

夏木弁護士の「今回の案件は、相手がどう思おうと、渡辺さんが考えた支払い理由が第一であり、重要なのですからね」という指示が私の頭の中につねにあった。もし相手が違うことを考えれば、真実はひとつではないのだ。もし３人が別のことを考えていたら、真実は３つあるのだ。

いや本当のところ、真実など存在しない。それぞれの考え方があるだけではないか。宮下刑事の言い分は、あくまで捕まえる側の論理である。

しかし一方、この場で反論しても仕方がないとも考えていた。いうべきところはもっと後であろう。そもそも自分の意見や考え方を刑事に主張してもほとんど無駄だろうと、この頃にはもうわかっていた。私は両刑事にいった。

「同じことをくり返す手法というのはよくわかりました。しかし無駄ですよ。もうそろそろ私の性格を、多少なりともご理解いただいてますよね」

「ええ、頑固《がんこ》だというのはよくわかりました」

「あのね、特段私が頑固というわけではありません。そもそもこうもくり返しがつづくと、むしろ話そうとしなくなるのが普通じゃないですか」

「くり返し聞くのは、思い出してほしいからです。事実を少しずつ思い出していることもあるじゃないですか」

「思い出しているわけじゃないです。たとえば『あえていうとどうか』とか聞かれた場合、無理して答えるじゃないですか。これは宮下さんに対するサービスなんです。初めに答えた『覚えていない』が正しい答えですよ。**私は意識して、事実と記憶と想像を区別して答えるようにしています。**弁護士からそうアドバイスされていますし、あとで関係者の皆様方に迷惑をかけてもいけませんからね」

「いえ、迷惑じゃありませんよ」

へーえ、そうなんだ。ちょっとびっくり。

「～でした」といっても、「と思います」といっても、「覚えてませんけど、私の性格ならばたぶんこうしたのでしょうね」などといっても、全部一緒くたにされるんだ。まっ、そんな調書を作っても絶対に署名しないけど。

ともあれ、なんとかの一つ覚えみたいに、くり返すだけの取調べはなんと不毛なことか。たぶん刑事のほうも、絶対に私は自分たちのいうようには話さないとわかっていてやっているのだ。

時間と経費の無駄だと思う。効く人には効くのかもしれないが、私のようなへそ曲がりタイプには絶対に無理だ。ますます意固地になってしまう。

「ひょっとして洗脳しようとしています？　無理だと思うけど」

「失礼な。そんなことあるわけないでしょう。正当な捜査ですよ。渡辺さんが正直にいわないからだ」

「洗脳が失礼なら、少なくとも私自身は洗脳性を感じているのは間違いないですね。私にはカルト教団の幹部として長い間活動していた知人がいるが、やり方、手法がまるっきり同じだ。これって通用する人と通用しない人がいると思うけど、本当にこんなので私が順応すると思ってるのですか。それとも心を折るというか、嫌気がさして私が投げやりになるのを狙ってますか」

宮下刑事はイヤァーな顔を瞬間的にしたが、すぐに立ち直り「私は真実が知りたいだけです」とひどく真っ当なことをいった。

さすがに宮下さんは昨日今日、刑事になったわけではない。刑事として体はやや小柄だが、いかにもファイターといったタフネスさを感じさせる。白いカッターシャツがよく似合う。短髪で顔は日焼けしていて精悍《せいかん》だ。角度によってはカキフライに見える。

常用している血圧の薬が切れて２日目になる。次の日、私はいつもの病院へ行かせてもらった。血圧を測ったらかなり高く、看護師が驚いた。

「もう一度測ってみましょう」

私は数値の高いほうが好都合だと考えた。診断書をもらおう。

「いや、最近はこんなもんですから、これでいいです」

「でも深呼吸して、落ち着いてもう一度」

非常にうるさい。結構困る。

「いいです、これで」

「いつからこれくらいがつづいてるんですか」

非常にうるさい。またまた困る。

「先生にお話ししますので、結構です」

看護師はムッとして、黙って行ってしまった。大変に申し訳ないが、詮索《せんさく》されたらやはり都合が悪い。ここは仕方がない。

先生がやってきた。

「薬はきちんと飲んでますか」

「はい、飲んでます」

2日か3日ほど切れているが、ここは小さなウソということでお許し願おう。

「ちょっといろいろ立て込んでいまして、かなり精神的にしんどいです」

「特に具合が悪いのはどこですか」

「頭がときどきズキズキします」まんざらウソではない。

先生はひどく悲しそうな顔をして、私をじっと見つめた。

「つらいのは仕事ですか」

「まあ、そうです。大筋において」これもまんざらウソではない。

「先生、今日はとりあえず診断書をいただけますか。落ち着いたらゆっくりまたお話しします」

先生は深刻そうにうなずいた。この先生はいつも親切で、つねに人のよさが顔ににじみ出ている。

「高血圧急性症」という診断書を書いてくれた。よくわからんが、なんだかすごそうな病名だ。満足である。それから先生はそっといった。

「万が一、万が一ですよ。遠くへフッと行ってしまおうと思ったら、必ず私に連絡をください。必ず私のことを思い出してください。それだけは約束してくださいね。お願いしますよ」

私はまた心の中で、申し訳ない。と深く深く詫《わ》びた。

誕生日のメモリアル逮捕

診断書を手に勇気凛々《りんりん》、そのまま警察に向かった。

すると宮下刑事が、会うなり開口一番いった。

「誕生日、おめでとうございます」

今日は7月26日、私の誕生日か。かみさんはもちろん、娘にすらおめでとうをいわれてない。そうか、ニュージーランドに行ってしまっていたか。しかしいるときにもいわれたかな。娘が小さいときはカードや手づくりのミニチュア造花をもらったっけ。

いやいや、ここでホロリとしている暇はない。

私は取調べの前に、診断書を宮下刑事の前に広げた。

「これは今日病院から出された診断書です。ご配慮をお願いいたします」

私はジロリと宮下刑事を睨《ね》め上げた。人権無視許さじ！　宮下刑事の迫力に負けぬような気迫が、そろそろ必要だと思った。

「ああ、なるほど。わかりました」

「提出しましょう」

「いやいや、わかりましたから、提出などしていただかなくても結構です」

ポイと戻してきた。歯牙《しが》にもかけないとはこのことだ。

「さてと、じゃあはじめますか」

なんなんだ、これは――。私は初めて寒気がした。無神経、マンネリ、洗脳性、すべての言葉を超越したこの非人間的な世界。コミュニケーションが通用せず、人を人とも思わないようなやりとり。狭くて窮屈《きゅうくつ》で無機質な空間。

たしかに直接暴力をふるうような拷問《ごうもん》はしていない。しかしこれは明らかに精神的拷問に匹敵《ひってき》する。それとも私の神経が過敏すぎるのだろうか。そういえば昔から繊細だと人からよくいわれていたような気がする。かみさんには無神経だとよくいわれるが。きっと人はさまざまで、過敏と無神経が同居しているのであろうか。

などと埒《らち》もないことを考えていると、しみじみと宮下刑事はいった。

「本当に素直にいったほうがいいですよ」

「素直にいってます」

「じつはね、渡辺さん……」

宮下刑事は間《ま》をたっぷり取った後、大道刑事と顔を見合わせた。そしてまさに、核心を伝えるようにいった。

「大原さんが正直にいいました。渡辺さんからもらったお金は、ビラの報酬だったとね」

なんだ、そんなことか。織り込み済みである。しかも早い段階から。

「涙をハラハラと流しながら、自責に耐えかねたように、自分に正直になったんだよ。あんたと違ってね。彼女に比べるとあんたはなんて情けない人間なんだぁ！」

声が徐々に大きくなっていった。

私は表情を変えず、黙って宮下刑事を見つめた。鬼の首を取ったような顔をしてるけど、状況はたいして変わらないって。ホントそういいたい。

「どうだぁ！」

どうだといわれても……、いや、参ったな。

「勘違いしてるんじゃないですか」

「なんだって」

「大原さんはなにか勘違いしてるんじゃないですかね。そもそも何度も、これはビラ撒きの報酬ではないと、私は彼女に念押ししてますから」

「やましい気持ちがあったから、わざわざ念押ししたんじゃないのか」

「そんなことはありません」

押し問答がつづく。

「彼女は純粋な気持ちで、誰にも強制されることなく、自分の過《あやま》ちを素直に認めたんだぞ。あんた、それをただの勘違いといい張るのか」

「ええ、そうとしか考えられません」

ホントはあんたらが長時間拘束して無理強いしたんだろ、といいたかったが、さすがにそれはやめた。

「長い間刑事をやっているが、あんたのような情けない人間は初めてだ。自分の罪に立ち向かえないなんて。信じられないほどのダメな人間だ」

ええ、かみさんからも日頃よくそういわれています、といいたかったがそれもやめた。

「裁判になったらどうするんだ？　あんた、あの純真な大原さんと対決するのか」

「必要になったら対決するしかないですね」

「大変な思いをしてるんだぞ、大原さんは。渡辺さんに怒られると、ハラハラと涙を流して懺悔《ざんげ》したそうだ」

へーえ、それはすごい。

「自分が運動員報酬を受け取ってしまった罪に大きな後悔をしたからこそ、正直に前向きな気持ちで話したんだ。彼女はすばらしい人間だ。それに比べてあんたはどうだ。あんな純真な女性に対して対決なんて、いったい何を考えているんだぁ」

おいおい、対決と煽《あお》ったのは自分でしょ。

「ちょっと休みませんか。トイレに行きたい」

「大原さんは渡辺さんより、何日もずっと長い時間頑張ってるんだけどね」

どうも大原女史と対比して、向こうはすばらしい人間、こちらはゲス野郎と位置づけたいようだ。本質的にはあながち間違ってはいないが。

それにしても、夏木弁護士のいったとおりだ。かなり長い時間、大原女史は拘束され取調べを受けさせられていたようだ。でもどうして否認が是認《ぜにん》に転じたのかな？

のちに寺本さんから聞いたのだが、４日目までは彼女も頑張っていたらしい。しかし5日目には耐えられなくなったようだ。

そうすると計算が合わない。ウグイス嬢親分の竹下からの情報によると、大原女史は投開票日直後から毎日警察に呼ばれている。5日目になって話したということは、昨日今日ではなく、もっとかなり前だったはずだ。

要はこのタイミングで私に話すのが、より効果的と彼らは考えただけである。5日目か。まあ、女性としては頑張ったほうじゃないのか。

両刑事は気張っているが、私は刑事がエキサイトすればするほど冷静になっていった。他人が興奮すれば、こちらはクールダウンされていく。そういうものである。

「今日はこれくらいにしましょう」

宮下刑事は突然そういった。時間はまだ午後4時くらいで、いつものパターンならまだまだこれからだ。

「そうですか」

私は帰り支度をした。ペットボトルを片づけ、預けてあった財布やキー、携帯電話などをしまった。もう宮下刑事は厳しい刑事さんから、知人にでもなったかのように普通のモードになっていた。

「しかし渡辺さんは、本当に弁護士さんとは綿密な相談をしてるんですか」

「ええ、そこそこは。どうしてですか」

「せっかく弁護士事務所まで行っても、話は30分ですんだというし」

「必要なことは相談しているつもりです」

「もっときちんと話してほしいなあ。ただし弁護士さんには正直にすべてを話したうえで。弁護士にはきちんと話さなければ相談になりませんし」

クドクドと同じようなことを性懲《しょうこ》りもなく話している。

「もう帰っていいですか」

私は立ち上がった。書類では取調べ時間を確認してサインしているから、もうおしまいである。ここから先はただの世間話で、サービス残業みたいなものだ。世間話に付き合う必要はない。

「もう少しだけ待ってください。ちょっと書類が……」

ハハーン、何かあるなとは思った。

15分ほど宮下刑事と無駄話をしていると、大道刑事が書類を片手に戻ってきた。

宮下刑事がそれを受け取り、書類を示しながらお調子者のような口調で気軽にいった。

「はい、渡辺さん、逮捕状が出てます。これね。じゃこれから拘束されますので、両手を出してください」

やっぱり……。

私はそれでもかなり冷静だった。逮捕状を確認したが、日付ばかりがクローズアップされて目に飛び込んできた。慣れ親しんできた7月26日、誕生日の日付だ。

大道刑事が手錠を出したので、私は両手を差し出した。想像していたよりは重量感はなかったが、手首のサイズぎりぎりまでしぼるのか、やや痛かった。

手元のワッパを見つめてから、私は宮下刑事に「ありがとうございました」と頭を下げた。これは皮肉でも何でもなく、素直な気持ちだった。

ずいぶんひどい目に遭わされたように思うし、また実際、人権を無視される目にも遭ったが、相対的には十二分に私の話をきちんと聞いてくれたと思う。

のちの取材で知るが、なかにはずいぶんと外道《げどう》な刑事や検事も多いようだ。宮下刑事も大道刑事も職務に忠実であり、また私をひとりの人間として認めてくれたと思う。

これは私の勘違いだったのだが、彼らと会うのはこれが最後だと思っていた。大阪に行って取調べになったら新しい態勢になり、違った人たちが出てくると思い込んでいたのだ。礼をいうなら、本当はもっと後になってからいうのが正しかった。

とにかく、ようやく無事に逮捕され、これから私の戦いが本格的にはじまる。私はこの6日間、一方的に損したような気持ちだった。

第３章　留置場生活スタート

手錠、腰縄のみすぼらしい格好で東京駅へ

手錠をされると、あっという間に車に乗せられる。

手錠に加え、腰縄《こしなわ》もしっかりとくくられた。

誘導によって警察署の裏側に出て、停められていた覆面パトカーの後部中央に私が座り、左右を刑事が固めた。運転手が無言で車を発進させた。

私がよく自分で運転するコースそのまま、東京駅に向かった。夕刻の外は薄暗くなりはじめ、日頃見慣れた風景がやけに懐かしく感じられた。自由にこの道を歩くことはしばらくできないのかな、などと私は夕焼けを見ながら思った。

車は東京駅の裏側なのだろうか、誰もきそうにない一見倉庫のようなひっそりとしたところに停車した。事前に万全の態勢を敷いていたらしく、５～６人の刑事らしき人間が待機していた。

そのまま、混雑する東京駅の中にドヤドヤと連れられていった。手錠には専用の既製品らしい布がかけられていたが、誰が見ても極悪犯罪人だ。

ビシッとスーツを着た男女5～6人に囲まれ、みすぼらしい服装、なおかつ布で覆《おお》われた両手を前に出した男が連れられて歩いているのだ。多くの人たちはまったくわれわれのことを気にしていないが、おばさんなんかはギョッとして私のほうを見ていた。いい晒《さら》し者である。

よくテレビで見る手錠をかけられた人たちは、ジャージとかスウェットとか、どうして決まったようにみすぼらしい格好をしているのかと思っていたが、自分がその立場になってようやくわかった。ジャケットに折り目のついたズボン、というわけにはいかないのだ、現実的には。

連日の警察通いで、いつ逮捕されるかわからない。長時間の取調べは過酷《かこく》である。しかも取り調べる警察は自宅の近くなので、ついつい楽な格好、つまり自宅にいるような服装になりがちなのだ。

私の場合は逮捕に備え、毎日カバンを持っていった。そのカバンの中に比較的ちゃんとした服が入っていたのだが、着替える暇などとてもなかった。

東京駅で引き回されていたときに私が着ていたのは、オレンジのTシャツに緑の半ズボン、足下はスニーカーだった。五十ヅラ下げて、まるでバカみたいではないか。

晒し者になりつつ頭の中にあったのは、服装の後悔《こうかい》がほとんどだった。「しまったぁ」とそればかりが駆けめぐり、とてもこれからの展開を読むことなどできない。自分に突如《とつじょ》起こった不幸を嘆《なげ》く余裕もなかった。とにかくこの格好、服装が気になった。いまにして思えば、つまらないことを考えていたものだと思う。

警視庁鉄道警察隊東京分駐所というところに連れていかれた。東京駅の中にある交番みたいなところだ。その奥のがらんどうの部屋にわれわれは入っていった。

私は手錠に腰縄のまま座らされた。宮下刑事、大道刑事はどこかにいなくなってしまった。残ったのは弱々しそうな男女、若者２人だ。刑事なのか鉄道員なのかはわからないが、まさか容疑者を置いて警察関係者がいなくなるわけがないだろうから、たぶん鉄道警察隊の人たちなのだろうと推測した。

この２人、この手の容疑者移送作業に慣れているのか、私をほっといてやけに〝ふたりの世界〟に没入《ぼつにゅう》しつづけている。

「でさぁ、〇〇が△△したら、××だよねえ」

「そうそう。イヤになっちゃうよなあ」

イヤになっているのは私のほうである。こういったときにこういう場所で、しかるべき立場の男女がキャッキャッしているのを見せられるのは非常に不快だ。

かなりたってから、ドタドタと宮下刑事と大道刑事が戻ってきた。手にはコンビニの袋をぶら下げている。袋からなにやらゴソゴソと取り出し、ぶっきらぼうに「食べていいですよ」という。

直径10センチほどの丸形プラスティックに入った食物だ。ふたに「300円」と値札がついたみすぼらしい弁当。いまの私の服装にピッタリだ。よくもまあ、こんな悲惨《ひさん》な弁当を探してきたものだ。私が人生で初めて見るような、貧乏ったらしい食事だ。

300円を出すのならパンでもおにぎりでも、もっと普通においしいものが買えただろう。自分たちがうまいものを食ってきたついでに、こんなものを買ってきやがって、と強い反発心がわき起こる。ふて腐れて、食べまいかとも思った。

しかし、精神的に参っていて食事がのどを通らないと勘違いされては困る。いささかも弱みを見せてはいけないところだと私は思った。私は腰にくくりつけられた紐《ひも》を机に縛《しば》りつけられ、手錠をつけたまま粗末な弁当に手を伸ばした。

ガツガツとそれを食らう。味はまあまあだ。さすが日本のコンビニには底力がある。どんな状況、どんな最低線の食べ物だろうが、一定以上の味を保証している。

「冷めていて食べにくいかもしれませんが」

ふと見れば、ペットボトルのお茶があるではないか。最初からあったのか、しずしずとわかりにくいように差し出したのか。このへんが宮下刑事の面白いというか、憎めないところだ。

しかし私のほうはそれどころではない。なにしろ手錠付きなのだ。冷めてて食べにくいと思ったらコンビニでチンするか、お茶はホットにするか頭を使えよ、と私は目だけで宮下刑事を罵倒《ばとう》する。

全部食べるのもシャクなので、必要以上に真っ黄色なたくあんは残してやった。大道刑事はじっと弁当を見つめていて、何もいわない。

食べ終わるやいなや、**宮下刑事は「家の鍵はありますか」と私に聞いた。**

「ここにあります」私はポケットからキーを出した。

「じゃ、お預かりします」

宮下刑事は私の家の鍵をしまい込み、「これにサインをしてください」といった。

その書類を見ると「証拠物任意提出書」と書かれてあった。

なにが任意だ。私は怒りでいっぱいだった。

「なんでこんなもの、私が書かなきゃいけないのですか」

「捜査に必要だからです」とカエルのツラになんとやら。

「じゃあ強制で持っていってください。任意ならお断りします」

宮下刑事はしぶしぶ、鍵を私に返した。

これには後日談がある。

近くに住む私の父の家に刑事らがきて、私の家の鍵を出せといわれたらしい。いちおう抵抗のスタイルを取ったらしいじいさん、押し切られ立ち会いのもと、私の家の扉を開けた。刑事らは何かを探したらしいが、結局は見つからず、５分程度で帰っていったらしい。

いったい何がやりたかったのだろうか。欲しいものがあるなら素直にいえば、こちらもありかを教えてやったのに。

出発する前、宮下刑事はあきらめられなかったらしく「やっぱり鍵はダメですか」とあらためて聞いた。

「私はいったことを即座にひるがえすことはありません」ときっぱりいった。

新幹線での移送はなごやか

われわれは新幹線の改札に向かった。やはり数名の刑事に囲まれて、ドヤドヤとあわただしい雰囲気で歩いていく。

ちょっと驚いたのは、私の分も含めて普通に購入していた切符を渡していたことだ。特別チケット、あるいは警察手帳のみで入っていくのかと思っていた。1人ずつ自動改札機に切符を流しているような体勢的な余裕がないため、宮下刑事が人数分の切符を駅員に渡していた。私を含めて5人分だったと思う。

それから通常どおりプラットホームを通って、新幹線に乗り込んだ。トイレの横にある個室である。いつも新幹線に乗ったときは車掌の部屋だと思っていたが、こういったときに使用するのだと初めて知った。

中は畳2枚分もない。2人がけの椅子が1脚あるだけの狭い室内だ。私と刑事が並んで座り、前に1人が立つ。しかしすぐに折りたたみのような椅子が広げられ、男3人が額を寄せ合うように落ち着いた。窓はなく、景色は見えない。

走りはじめてしばらくすると、いきなりドアが開いた。一般の乗車客がトイレと間違って開けてしまったらしい。ギョッとして手錠をして座っている私を見つめ、固まってしまった。すぐにどこからか刑事がやってきて、客となにかヒソヒソと話しながらドアを閉めた。

どうやらもう1人、ドアの側に立つ係がいるらしいが、なにかの拍子に持ち場から離れていたらしい。

大道刑事がどこからか帰ってきた。中にいた1人と交代した。大道刑事はかなり不満そうな表情だ。

「いやあ、ビックリしました。弁当が1400円もします」

出張が多くよく新幹線に乗る私には、1400円の弁当にビックリしている大道さんのほうが驚きだった。

悲惨な弁当を食わされた私は、皮肉混じりに聞いた。「おいしかったですか」

即座に反応する大道さん。

「買うわけないじゃないですか。あんな高い弁当。サンドイッチだって結構いい値段なんですよ。本当にビックリしてしまいますよね、東京は」

東京が高いのではない。新幹線内が高いのだ。大阪の人なのだから新幹線に乗ったのは初めてじゃないだろ、と突っ込みたくなる。

「まあ、サンドイッチも６００円しますからね」

私が応じると「違います。サンドイッチは７００円でした、７００円」と鼻をふくらませる大道刑事。聞いてみたら、泣く泣くサンドイッチを食べたようだ。大きな体で、夕食にサンドイッチじゃさぞ不満が残っただろう。

宮下刑事がポツンといった。

「そういえば、せっかく東京にきたのに、うまいもの全然食べなかったなあ」

私は聞いた。「毎日の夕食はどうしてたんですか」

宮下刑事が答える。「ほとんどコンビニでしたね」

大道刑事が割って入る。「コンビニって、買いたいものをどんどん買っていると、結構高くなるんですよね」

まあ、そうかもしれないが、大道刑事の生活はかなり奥さんに牛耳《ぎゅうじ》られているような感じがする。

「私が教えたウナギ屋には行かなかったのですか」

「時間がなくて、行けませんでした。近いと聞いてたから、一度行きたかったなあ」

大道刑事がまた割り込む。

「うまいウナギ屋があったのですか。いくらぐらいするんですか。いいところなら最低でも１５００円とかしますよね」

「いや、それじゃ無理でしょう。軽く酒を飲んで白焼きまで食うと、抑えても1人7000〜8000円くらいかなあ」

「7000〜8000円!?　うひゃあぁ！」

ウナギのいい店で1500円はないだろう。この人は日頃、いったいどんな生活をしているのだろうか。服装はピシッとしているが。

そういえば、前章で述べた業界仲間の高橋さんがいっていたのと違って、彼らは維新の会の悪口はいわない。高橋さんが大げさにいっていたのであろうか。高橋さんを担当した刑事らと部署が微妙に違って、経費は潤沢《じゅんたく》なのかもしれない。

宮下刑事は後ろ髪をひかれるようにいう。

「いや、少々高くても一度くらいは行きたかった。名店というのは、そうないですから」

「えー、そんなに高いのに行けるんですか。すごいですね」

大道刑事はかなり意見が違うようだ。

「出張費は出るんでしょう」

「それは出ますけどね、厳しいんですよ」

「われわれと違って給料は保証されてるんだし、少しくらい厳しくたっていいじゃありませんか。自営業者は、何もかも自分で調達しなければなりませんから」

「そうはいいますけどね……」大道刑事の口調に熱がこもる。

「ものすごく厳しいんですよ。ウチなんか家で飲むビールは、2本目からカキンセイですから」

「〝火金星〟？」

「課金制、冷蔵庫のそばに貯金箱が置いてあって、そこにお金を入れるんです」

「へーえ」

「この前なんか、私が買ってきて冷蔵庫に入れといたビールなのに、お金を入れろといわれたので頭にきてしまいました」

「入れたんですか」

「入れるわけないじゃありませんか」

「これは違うぞと怒鳴りつけながら？」

「いや、それはないです。あとでどんなしっぺ返しがくるかわかりませんから」

その気持ちは非常によくわかる。どこの家も似たようなものだ。


宮下刑事は大阪府警の経費節約を語りはじめた。

出張費は出るが、かなり厳しいのは事実であり、食費などは出なくて自費で食べている。宿泊費については、一定額以上は出ない。たとえば土曜や休前日などは宿泊費がどこも高いので、そのときはアシが出てしまう。タクシー代は無制限で出るわけもなく、自腹にならざるをえないことも多々ある。「真面目に捜査をすればするほど、自分のお金がかかってしまう」らしい。

私はクライアントである政治家が、かつていったことを思い出した。

「真面目に政治活動をすればするほど、お金がかかってしまう」

〝金のかからない政治〟などときれいな言葉で語られるが、政治活動には実際にお金が必要だ。交通費、広報費、印刷物、会議費……。

ひと昔前はありえなかったことだが、イケメンやかわいい娘が短期間の選挙で好感度を振りまき、当選後はロクに活動もしないで給料だけもらう――そんな輩《やから》が少なからずいる。通常の政治活動はほとんどしない。

さすがに国政では少ないが、地方議会へ行けば結構そういう議員が存在する。１０００万円前後の年収を4年間もらえれば、若い人にとってはかなりの金額だ。

こんなのはすぐに次の選挙で落選するかと思えば、いまの時代は地方政治家の希望者が少なくなっているので、生き残るやつらもいるのだ。そこにチェック機能はほとんど働かない。

地縁が薄くなっているのも、彼らの生存率を高めている。

「どこかの市会議員になりたいのですが、どこがなりやすいかコンサルタントしてくれますかぁ」なんて能天気な電話が私の事務所にかかってくることもあるくらいだ。

最近は政務活動費が問題となっている。一部の悪人を糾弾《きゅうだん》するのはいいが、締めつけ方を間違えると地方政治はますます激烈に劣化《れっか》し、自分たち地域住民の首を絞《し》めることとなってしまう。公務員だって同じだ。税の無駄を省《はぶ》くのはいいけれども、官僚叩《たた》きが過ぎると、中長期スパンでは一流のエリートが集まらなくなる。一流のエリートは金の儲かる金融の世界ばかりに行ってしまう。その結果、セカンドクラスの頭脳が、国家を導く仕事に恒常的にたずさわってしまうのではないか。

私がそんな考えをクライアントである国会議員に話したことがある。

「将来はそうなってしまう、ではなくて、もうなっていますよ。官僚だけではなくて国会議員も」と官僚出身の彼は、いたってクールにそういい切った。

そうこうしているうちに、新大阪に到着した。たしか午後8時前後に東京を出たはずなので、もう11時過ぎだろうか。

同じようなスタイルで刑事に囲まれて、やはりアホみたいな格好で構内に入った。服装は替えられない。しかし窮屈《きゅうくつ》な部屋から体を伸ばせる状況になり、手錠にも慣れてきて、足取りもなんとなく軽やかになる。

マスコミリークは捜査の一環?

新大阪駅で改札を出たすぐの出口に向かう。

すると、前方からカメラマンが突撃してきた。テレビクルーだ。2社もいる。1社はハンディカメラで、もう1社がちゃんとした大きなカメラだ。カメラに貼られているステッカーを見たら2社ともキー局ではなく、関西ローカルのようだ。さすがにこの程度のネタでは、キー局はわざわざ関西まではこないのか。

私はかみさんの言葉を思い出した。「もしテレビに映るようなことがあれば、顔だけは隠すようにして。娘が見てしまったらかわいそうだから」

顔を下げて隠した。隣にいる大道刑事に「顔を隠すものは何かないですか」と聞いたら「ない」とあっさりいわれた。

「なんだ、こりぁぁ。ありえないだろう」と大きな声を上げながら、宮下刑事は必死で私の顔を自分の衣服で覆いながら、先を急ごうと進んでいく。

顔を下げている私の顔を、下からカメラが狙ってきた。私は角度を変えて、腕で顔を隠す。大道刑事が私とカメラマンの間に立ちはだかった。

もう1社のカメラが旋回《せんかい》して、逆側から私の横顔を狙ってきた。今度は宮下刑事がそれにあわせて回り込み、私をかばった。

なんとか外に出て、車寄せ近くまでたどり着いた。

私は思わず「終わったな」とつぶやいた。私と夏木弁護士の考えた第一次作戦は完全に終了である。

顔と名前がマスコミに出ないようなら、捜査の中で妥協《だきょう》点を見いだそうと試みてきたが、もはやそれは通用しない。これからは徹底抗戦あるのみである。あわせて、捜査側の持っている材料を聞き出そうとする必要はそれほどない。起訴されたら、それらは自動的に出てくるという。

いままでの任意取調べで自分がいうべきことはいったし、もうこれ以上、捜査側に協力することも新たに情報を提供する必要もない。私からもう何もする必要はないのだ。あとはお手並み拝見だ。基本的な部分では、大筋黙秘を貫く覚悟をこのときに固めた。

私たちは用意された車に乗り込んだ。やはり手錠に腰縄の私の両脇を、宮下・大道両刑事が固める。

「ありがとうございました」私は2人に礼をいった。彼らが必死で守ってくれなければ、もっと私の顔はテレビカメラに晒《さら》されていただろう。

「ありえないパターンだよな」

「普通はありえないっすよね。どうしたんでしょうか」

通常ではこの時間帯にこの程度のネタでは、まず取材されないらしい。

彼らが本気で必死に私を守ろうとしたのは間違いない。その場の状況と気迫でそれはわかる。また本当にテレビがくると知らなかった様子も、彼らからうかがえる。

しかしながら、**これが警察組織の恐ろしいところだ。警察側が記者クラブなどに伝えなければ、同じ時間に2社も取材がくるわけがない。正式な記者発表ではなくとも、警察の誰かがリークしなければありえないのだ。**

「どうして知ったんでしょうね」私は聞いた。

「取材でしょう。いろいろと網を張ってるはずだから」

要はやはり誰かが話しているのだ。組織内の誰かが話し、取材に行くように仕向け、それを知らない同じ組織の人間が真剣に私をかばう。スケールの大きなマッチポンプだ。

これで容疑者たる私には、宮下刑事らに感謝する「借り」の気持ちが生まれて、ここぞというときに取り込まれやすくなる。そうした心理をつくり上げていくのも一種の洗脳にいたる道筋だ。カルト教団と本当によく似ている。

よくテレビで見るが、手錠をかけられた容疑者が警察官に連れられていく場面がある。ほとんどがジャンパーなどで顔を見せないようにしている。また被疑者、容疑者のほうも顔を下げてなるべく顔を晒さないように頑張っている。

これまでは「正面から顔を見せて堂々としていろよ。やったならやった、やってないならやってないときちんと自己主張すればいいのに。情けない」と思っていた。

しかし、ようやくわかった。当たり前のことだったが、自分の子供、子供の友だちに見せたくないのだ。子供は「きちんと話せばわかる」というものではない。映像のイメージは子供には強烈だろう。イジメもあるかもしれない。

翌日からの取調べで、宮下刑事には幾度か、彼が私の顔を見えないようにかばったこのときの出来事を恩に着せられた。かばったほうがそれをいえばいうほど、こちらから感謝の念が失われていく。

「申し訳なかったから、刑事さんの意に沿うような話をしようかなあ」と私が考えるとでも思ったのだろうか。

まずは健康診断と身体検査

車はどこかの警察に到着した。大勢の人たちに迎えられた。まるで大物になったようだ。悪くない気分だ。

宮下刑事、大道刑事とはここでいちおうお別れらしい。違う刑事らと違う車両に乗り込んだ。私はこれから病院に行き、健康診断をされるという。

もう確実に深夜の12時を回って、翌日になっているはずだ。刑事らも楽じゃないな、と思った。しかし私の両脇にいる今度の刑事たちは、やけに愛想のいい人たちだった。

「大阪にはよくくるんですか」

「病院では、自分がいま治療している病気や常用している薬などについて、医者に説明してくださいね」

「大阪は今日、すごく暑かったんですよ。あっ、東京もそうですか」

「手錠は痛くないですか。もう少しゆるめましょうか」

持ってきた自分の薬は使用できないそうだ。話を聞けば、なるほど理解できる。私の所有している薬が、もし覚醒《かくせい》剤だったら大変だ。その代わりに同じ薬、または病状に合った薬を処方してくれる。いやはや、なんともサービスが行き届いているではないか。しかも無料とのことだ。持ってきた服は着ることができるが、大きなチャックや金具がついているものはダメで、紐もNG。自殺防止、あるいは攻撃の武器にするのを防いでいる。

知らない土地の深夜、親切でフレンドリーな刑事のおかげで、不安ぎみになりがちだった気持ちが少し明るくなった。


病院へ到着した。小さな個人クリニックだ。

まるで反社会的勢力、アウトローの雰囲気をぷんぷんと漂わせた医者が、ムスッとしながら私の病状を聞いていった。

50も半ばになると、誰でも少なからず持病がある。私の場合は、血圧と緑内障の薬をもう10年近く常用している。また数年前からはスプレー式の花粉症（鼻炎）の薬も使っている。

委細漏《も》らさず、懇切丁寧に医者に説明した。薬をもらえなければ大変なことになる。軽症だと思われるとスルーされるかもしれない。私は常用薬がなければ生きていくのは不可能だと説明した。アウトロー的なルックスの医者は、きちんと私の話を聞き、なにごとか刑事たちに指示を出した。

薬は明日にも担当官が取りにくるとのことで、明朝は薬がないが仕方がない。われわれ一行は、そのまま次の場所に車で移動した。私のこれからの住居となる福島警察署だった。

福島警察署はかなり立派で、真っ白で無機質な建物だった。やけに機械類の多い部屋に連れていかれ、ようやく手錠に腰縄がはずされた。身体検査をするという。

身長でちょっとした混乱があった。

「176センチだな」

えっ？　私は171〜172センチしかないはずだ。誤差の範囲を超えている。

「あのう、間違ってませんか」

「いや、間違ってないよ」

何度か測り直してもやはり176センチである。

「いいんじゃないか。176センチなんだから」

「いや、しかし……」

そのとき、私と係官が同時に気づいた。厚手の靴下なのはまだしも、貸与されたサンダルを履いたままだったのである。しかも心持ち、やや背伸びをしていた。こんなところでも人間は見栄をはるらしい。

係官と私は顔を見合わせた。

「あははは」

「ハッハッハッ」

急に真面目な顔になってから、検査は進められていく。

顔写真は数方向から撮られた。いつもはスタジオで候補者の撮影に立ち会うが、自分がこんなに丁寧に撮られた経験はない。

指紋は綿密に採られた。左右はもちろんのこと、手のひら（掌紋《しょうもん》）も角度を変えて３種。ひと昔前は墨を使っていたらしいが、いまはスキャナーに取り込んでいく。これでめでたく、私の指紋・掌紋は半永久的に保存されるのだろう。ＩＴ社会の発達はすばらしい。

それからちょっとまた一騒動あった。私の左頬にある1センチ四方のくすみが、アザなのかシミなのか、係官２人で論じられた。そんなもの、私は気にしたこともない。存在すらまともに知らなかった。

「どっちでもいいんじゃないですか」と私。

「いやあ、そういってもさあ」

２人で悩んでいる。私は助け船を出した。

「若い頃はなかったような気がしますけど、その場合はシミなんじゃないですかね」

「そうだね。シミだね」

係官は少しホッとしたような表情で喜んだ。

「ホクロはどこかにないの？」

「ホクロですか」

尻に2ミリ大のが1個あるが、ここで見せつけるつもりはない。しかしホクロが1個もないとなると、立場上彼らが困るのかもしれない。

私は前髪をかき上げた。

「髪と額《ひたい》の境目に、小さなホクロがあります」

「どれどれ」

係官は私のホクロを探す。

「ないなあ」

「そんなはずはありません。小さい頃は気にしていたくらいだから」

「そういわれてもなあ」

「よく見てください」

係官は2人で一所懸命に探す。

「やっぱりないよ」

「年をとると消えるのですかね、ホクロって」

「そうなのかなあ」

しばらく頑張っていたが、ついにあきらめたようだ。そして力強くいった。

「ホクロはなしってことでいいね」

「どちらでもいいです」私は弱々しく答えた。ホントにそんなもん、どうでもいい。

これが全身に入れ墨があったら、検査は大変だろうなと思った。それとも写真を撮るのだろうか。いや、自分もこれから全身の写真を撮られるのかなあ、などと一瞬考えたが、まあこの際どうでもいいや。

「あなたは68番と呼ばれます」

いよいよ留置係に引き渡される。小さな事務室に連れていかれた。部屋にはデスクが２つ、棚には多くの荷物が並べられてある。どうやら留置場に入っている人たちの荷物が整理されているらしい。

係官は２人とも50代半ばくらいか。病院の白衣のようなものを着せられ、ボディチェックをされる。大きな虫眼鏡のような形をした金属探知機で、凶器《きょうき》や危険物を持っていないか確認する。その虫眼鏡の大きなやつを私の下半身に当て、何か隠し持っていないかを検査した。

「あれ、肛門《こうもん》に棒を入れられる検査はしないんですか」

「そういうことはしません」

聞いていた話と少し違うようだ。それともあれは拘置所の話だったたか。

私の手錠と腰縄をはずしてから、私の持ち物を丁寧に確認しながら、記帳していった。

「えー、これはっと、漫画喫茶の会員証３枚でいいですね」というように、ひとつひとつじっくりと確認していくので、ものすごく時間がかかった。

それから留置場での注意事項、日課時限などを、渡された説明書に基づいてゆっくりと解説してくれた。

「ここではあなたのことを、渡辺さんとはいいません。番号で呼ばれます。あなたは68番となります」

そうか、なかなかよい番号ではないか。なんとなくだが。

「ここではあなたは、どんな仕事をしてきたとか、どんな社会生活を送っていたなど、一切関係ありません。留置場にいる以上は、容疑者という扱いになります。係官の中には、特に若い係官は乱暴な口調であなたにものをいうときがあるかもしれません。腹が立つときもあるかもしれませんが、中にいる間は我慢《がまん》するようにしてください」

しみじみとしたいい話だった。

きちんとしよう。私は固く心に誓《ちか》った。

「もう夜中もかなり遅いです。朝は7時に起床ですが、起きられなかったらそのまま寝ていてください。まわりがうるさくて寝ていられなかったら起きればいいです。とにかく明日の朝は自由にしてもらって結構ですから」

この係官のためにもりっぱな模範囚《もはんしゅう》となろう、私は再び固く心に誓う。囚人ではないが。

私は持っていったシャツに着替えた。そのままでは日中は寒くていられないという話だったので、設備品である上下のジャージを借りた。サイズが合わないが、ここは我慢だ。胸のところに大きく「官」と書かれてあった。

夏まっさかりで外は地獄《じごく》の暑さだというのに、寒くていられないだと？　たしかに翌日から、取調室が寒くてかなわなかった。冷房がないので夏を過ごすのは大変だと聞いていたが、これも拘置所の話だったのか。

着替えは週2回の入浴のときにしかできない。持っていった服は、パンツ、靴下、シャツ以外はほとんど役に立たなかった。

ちなみに**周到に用意したカバンの中の荷物で、役に立ったのはほんのわずかだった。下着類、文庫本、タオル、それだけだ。**

ほかの薬品類、洗面用具、サングラスや多くの衣服、ひげそりなどは持ち込めず、預けられることとなった。**20万円ほど持っていった現金は、**房に入っている間は結局5000円も使わなかった。しかも購入したが結局は使用しなかった切手が、2000円分近く余ってしまった。**実際には3000円ちょっとしか使わなかったことになる。**

私は「68」と書かれたサンダルに履き替えた。

係官に連れられて、房のある大きな部屋に入る。所定の棚から、「68」のところにあった布団を指示に従って取り出し、3番の房に入った。

檻《おり》の中である。動物になったような気分がした。同時に「いよいよ入ってしまったなあ」と明日の自分の運命を祈るような気持ちになった。それはけっしてポジティブなものではなく、深い深いどん底に落とされたような暗いものだった。

薄暗いなか、男が1人寝ていた。やや小柄だろうか。しかし死んでいるかのように、寝息も聞こえないくらい静かに寝ている。

私のいびきはかなり大きい。どうしてもこのまま寝る気にはなれない。起床まではほんの数時間だろうし、今晩は起きていて、いびきの件はきちんと同房者に仁義を切ってから明日からゆっくりしよう……、私は横になりながらそう考えた。それにどうせ今夜は眠れないだろう。

最大でも23日間だ。勝ち取るべきは不起訴だ。私はあらためてそう思った。

明日からは本当の戦いがはじまる。

同房者は何でも知ってる上山さん

「起床ぉー、起床ぉぉ」

やかましい声で目が覚めた。自分がどこにいるのかさっぱりわからない。

隣に寝ていた男がにっこり笑っていった。

「おはようございます。上山です。よろしくお願いします」

上山さんは非常に礼儀正しく、きちんとした言葉遣いをする。年の頃は40前後。いかつい顔にもかかわらず、とても人なつっこい笑顔だ。

私も挨拶《あいさつ》した。先輩は立てなければならない。

いきなり聞かれた。

「何をしたんですか」

「選挙違反で嫌疑《けんぎ》がかかって」

私は簡単にいきさつを話した。

「えーっ？　そんなことで、東京からわざわざ連れてこられたんですか」

「捜査本部も立ち上げて、すごい人数でやられました」

「へーえ」

「解錠ーっ」

それからすぐに解錠となり、私たちは1人ずつ布団を持って外に出た。所定の場所に布団をしまい、房に戻る。

「洗面ーっ」係官はいちいち大声で次の日課を叫ぶ。規律正しく一日を統率するには、必要な行為なのだろう。

私はすべての行動を上山さんに教えを請《こ》い、真似《まね》をすることにした。そのほうが間違いはないし、余分なエネルギーを使わなくてすむ。

あらためて見回すと、房の中はこんな感じだ。6畳ほどのスペースがある畳敷きの小部屋。三方が壁で囲まれ、出入り口側は鉄格子で外から丸見え。下方部分には外からの出し入れ用に20センチ×10センチくらいの小窓がついている。

奥のほうに洗面台が備えつけられている。その向かいには個室状に仕切られたトイレがあるが、洋式便座に座ってちょうど顔の位置に窓が開いていて顔が見えるようになっている。

この日、私は歯磨きができなかった。持ってきた歯ブラシは使用できないからだ。タオルは持ってきたものが認められたので、それを使用した。

洗面の後は掃除だ。外の係官からほうき、雑巾《ぞうきん》を渡される。掃き掃除をして集まったチリは、自分たちでは取り込まない。「チリをお願いします」といえば「おう」とかいいながら、解錠してくれるので、外に落とせばいい。

拭《ふ》き掃除は、私は得意だ。学生時代に福井県の永平寺《えいへいじ》まで修行に行ったことがあり、そのときにみっちり仕込まれたからだ（3日間だけだが）。畳を左右に拭き、1段ずつ下に降りてくるように順に拭いていく。

トイレ掃除は日曜に本格的な掃除をおこなうので、簡単にすます。とはいえ、日曜のトイレ掃除も通常よりは丁寧にするといった程度で、狭いので10分もかからず終わってしまう。

雑巾も「雑巾、終わりましたぁ」と大きな声でいえば、係官が「はいよぉ」とかいいながら取りにきてくれる。小窓から雑巾を渡して掃除は終了。ほんの10分くらいの作業だ。

それから上山さんは、ここでの生活のことをひととおり教えてくれた。

トイレは小用も座っておこなう。これは全国共通らしい。留置場や拘置所、刑務所に長期間いた人は、座って小用をたすクセがつくらしい。ちなみに私はこのクセはつかなかった。

トイレは密閉されていない。10センチほど隙間があるので、部屋ににおいがこもる。大便の場合は、途中で何度も小まめに水を流すようにいわれた。

これは場所によってかなり違うらしい。別の警察では外側に流すボタンがあり、係官にお願いしてボタンを押してもらう。その際は「ロング、お願いします」というそうだ。これは大道刑事から教えてもらった。

「紙はどの程度使っていいのですか」

「そんなモン、いくらでも使ってください」と上山さん。

「30センチ以内とか、聞いたことあるのですが」

「それはウソです」

などと話していたら、すぐに初めての朝食となった。

まず、例の小窓からお茶が差し出される。お茶は特別な時間帯以外はいつでももらえる。「お茶、お願いしまーす」といえば、即座に係官が持ってきてくれる。このあたりはわが家より待遇《たいぐう》は格段に上だ。水道の水は飲まないようにと指導された。

つづいて小窓から赤くて四角い箱の弁当が2つくる。1つはご飯で、箱の中に白飯がびっしりと詰まっている。朝っぱらから誰がこんなに食べるのだろうか。もう1つの箱はおかずだが、コロッケとハムカツが各1個。あとは卵焼き、漬物、佃煮、煮野菜などが少しずつ仕切りの中に入っていた。

それからアツアツで野菜がたっぷり入った味噌汁が渡された。私にはやや味噌汁の塩分が濃いが、十二分な朝食だ。聞いていた話とかなり違う。

いまどきの若いお母さんたちがつくる朝食の平均値より、クオリティは高いのではないか。ちなみにわが家のかみさんがつくるものと比べれば、娘用の朝食よりは下で、私用の朝食よりはるかに上だ。

おかずはほとんど食べたが、ご飯は半分も食べられなかった。というよりも、この機会に少しダイエットをしようと思った。

「思ったよりうまいですね。もっと悲惨《ひさん》な食事を想像していました」

「業者が○○食堂に変わってから、格段によくなったのです。1食あたり420円見当というのは同じなんですけどね」

上山さんは房でのひとり住まいが2週間以上もつづき、話し相手に飢えていたようだ。われわれはずっと、いろいろなことを話し合った。就寝の前「そこ、おしゃべりしすぎ！」と係官に怒られたくらいだ。

布団は片づけられているが、2枚の毛布はそのまま房の中に置かれていたので、1枚を敷き、もう1枚を枕代わりにまるめる。寝転がって話せば、いくらでも話題は尽きなかった。

とにかく上山さんは何でも知っている。およそ警察関係や捜査、司法のことは、何を聞いても明確な回答が返ってくる。くわしいこと、このうえない。いままでの人生で10年近くも、少年刑務所や留置場や拘置所や刑務所にいたという。刑事や検事とのやりとりに関しては、プロといえるほどだ。体にはびっしりと、芸術的な墨《すみ》が入っていた。

そして、大変な読書家であった。推理小説、ミステリー好きという趣味は私と共通していた。好みの作家も私とかなり重複していた。２人で小説の話をはじめれば、話題が尽きることはなかった。

ここでは時間軸が世間と違っていて、本が嫌いな人は大変だという。しかしもともと本嫌いであっても、たいていの人が本に手を伸ばすようだ。

「官本」といって、１００冊の本が留置場にはあった。レストランのメニューのような一覧表には、作者名、タイトルの上に1～１００番まで番号がつけられている。メニューを見ながら「7と、84をお願いします」といえば、取ってくれる。また、ロッカーに置いてある自分の荷物の本やレターセットも頼めば取ってくれる。

上山さんは「自分の本は後回しにして、官本を先に読んだほうがいいですよ。私は１００冊の官本はすべて読み終わり、現在2周目です」という。この留置場に何度入ったのだろうか。

官本はときどき入れ替えがあるらしいが、上山さんは不満らしい。その回転が非常に遅いという。「官本をそろそろ替えてくださいよ」と何度か係官に訴えていた。

係官はこちらの読んでいる本をよく覚えていて「まだ下巻はいらないんだな」などといってくる。一度に房に入れられるのは官本、自己所有本を含めて3冊以内だ。

本は気軽に取り替えてもらえる。遠慮は無用だ。申し訳ない旨を伝えると「仕事だからべつにかまわないさ。さすがに5分おきに呼ばれると、頭にくるけどな」と気がいい人が多い。

親身に対応してくれる留置係官

少しここで留置場の係官について触れてみたい。

初めに「若い係官などは乱暴な口調になることもあるが……」といわれたが、私は不快な気持ちになったことは一度もなかった。そもそも特段、乱暴な口調になる係官はいなかった。

ヤンキーとかクスリでもやっているようないかれたヤツが入ってきたときは、そいつらと言い合いのようになっていたのを何度か聞いたが、ほかはいたって平穏で、普通に職務に邁進《まいしん》している人ばかりだった。

もちろん、号令をかけるときや諸注意をおこなうときは大きな声を出すが、それは乱暴というよりは凛《りん》としていて、むしろ職務に忠実な態度だと思う。お茶も本の取り替えも、必要以上にこちら側を恐縮させることもなく、自然な雰囲気で世話をしてくれた。

私は義歯がある。就寝の際はそれをコップに入れ、水と薬品を入れる必要がある。ポリデントなど、テレビのＣＭでよく見る例のやつだ。ポリデントは物品購入のリストにはない。頼めば買ってきてもらえるのだが、私が頼み忘れているとそれを指摘して、わざわざ買ってきてくれたりする。

刑事たちに取調べの時間が入浴時間にかからないように注意してくれたり、就寝時間を超えて取調べになった場合は気にしてくれたり、私たちの立場に立って安全や安息を保とうと親身になってくれた。

刑事とともに取調べから帰ってきて、引き渡されるときにそれがよくわかる。「すいません、遅くなりまして」とか「明日の風呂は何時までですか」などと、刑事のほうがどの係官に対しても下手《したて》に出ているからだ。

警察によっては、刑事になる直前の若手が留置係に配置され、容疑者の様子や弁護士などへの手紙の内容を逐一《ちくいち》刑事に報告しているともいわれているが、その真偽《しんぎ》はわからない。少なくとも私は期間を通じて、留置係官に対して不快や不満は一切なかった。

担当検事と異例のご対面

朝刊が回ってきた。だが、社会面の記事の一部が切り取られ、削除されていた。薄く薄く片面だけ見事に切り取られ、逆側は何事もなくきちんと普通に読める。もはや匠《たくみ》の業《わざ》だ。

「房の中にいる人間の記事が載ったのは、本人に読ませないように削除されるんです。以前は墨で塗られていたんですが、いつしか片面切り取りになりました。その削除量からして、たぶん渡辺さんの記事ですよ」と上山さん。

なるほど、たしかに逮捕されたという記述だけとして、ちょうどスペースはこのくらいだろう。上山さんの予測に間違いはあるまい。

これから今日私の身に起きるであろう流れを、上山さんは教えてくれた。おおむね夏木弁護士の事前説明どおりだ。

「68番、出るぞぉ」とひどくのんきな声が私にかかった。これから検察官のところに行き、勾《こう》留《りゅう》の手続きとなる。

私は房を出た。いちいち虫眼鏡の大きなやつで体を調べられ、チェックされる。戻ってきた際も同様だ。それから手錠に腰縄をかけられる。この留置場から出るときは、いかなるときでもこのスタイルとなる。

2人の係官に連れられて、廊下に出た。檻の外を自由に闊歩《かっぽ》できることがひどくうれしい（ホントは自由ではないが）。

手錠をつけた格好でエレベーターに乗る際は、奥の角に向かって立たなければならない。人に顔を見られないようにする措《そ》置《ち》だ。これは検察庁でも裁判所でも同様だった。「人に見られないようにしてくれてありがたいなあ」と思ったことは一度もなく、後ろ向きにされるのがむしろ屈《くっ》辱《じょく》だった。

乗用車に乗り込んだ。知った顔の２人の留置係がそのまま両隣に座った。検察庁まではほんの15分ほどだった。

車から降りてすぐにエレベーターに乗り込み、かなり上階まで上がった。入った部屋には長椅子が８つくらいあり、われわれはその１つに座った。やはり両脇には係官。

それからすぐに、われわれと同じような３人セットが何組かやってきた。

トウモロコシのヒゲのような頭をした若者、やけに周辺にガンを飛ばしながら入ってきた豆タンク、いかにもひ弱でオドオドしたお兄ちゃん、高倉健《たかくらけん》のようにキリッとした男の４組となった。

それぞれ何をやったのだろうか。トウモロコシはクスリ、豆タンクは恐喝《きょうかつ》、オドオド兄ちゃんは下着泥棒、高倉健は不治の病《やまい》にある妹の病院代のための窃盗《せっとう》と想像した。彼らは私のことをどのように想像しただろうか。

トウモロコシはやかましい。１人だけずっと何かしゃべっている。

「あれは大変だなあ」隣に座る係官がつぶやいた。

私の声も自動的にささやくようなものになる。

「よく相手してますよね。隣の係官も」

「いや、独り言だよ。あんなのウチにいないでよかったなあ。夜ずっとやられたら、うるさくてかなわんぞ」

「ああいうのは夜も騒ぐんですか」

「ときどきいるんだよ」

容疑者も千差万別らしい。

ところが後からきたトウモロコシ、豆タンクが呼ばれたのに、われわれはまだ呼ばれない。

「おかしいなあ。こんなに遅いのに、どうして個別になったんだろう」係官が不思議がっている。

「個別」とは、単独で乗用車に乗って検察庁に行くことだ。それに対して「集中」というのがあるが、それは護送車が各警察署を回って容疑者を拾いながら、複数人で連れてこられるのをいう。のちに知るが、この「集中」で連れてこられるほど、イヤなものはない。多くの容疑者が共通していうが、「集中」できて待たされるのが勾留中にもっともイヤで耐えがたい。何がイヤかといえば、とにかく長時間待たされるのだ。

留置場と似たような房に複数人が詰め込まれ、待っていなければならない。本はない。話すのも横たわるのも禁じられている。黙《だま》って座っているしかないのだ。普通に軽く3時間くらいだ。上山さんによると、彼の場合は6時間以上、そのまま待った経験があるという。

しかし個別の場合は雑居房のような房に入れられることもなく、時間を指定されるため、比較的待ち時間が短い。警察署では大人数に見送られ、なんとなく「大物」になったような気分になるのも特典だ（見送ってるわけではないだろうけど）。

昼食時間になってしまった。

私は係官の持ってきた携行弁当を与えられた。水筒にお茶も入っている。片方の手錠をはずしてもらい、モソモソと食べた。２人の係官と運転してきた刑事らしき人は、メシはどうするのだろうか。

高倉健も呼ばれた。部屋に残ったのは、なんと最初に入った私たちのみとなってしまった。

「こんなに待たされるなら、どうして個別になったのかな」係官は不思議がっている。

今日は一種のセレモニーだと、夏木弁護士から聞いていた。その日たまたま当番になった検察官が書類を見ながら、勾留を決めるだけ。10分程度で終わるはずである。用意されたエスカレーターに乗るようなものだ。上山さんからも同じように聞いていた。

ところが、どうも様子が違う。私の担当検事がいきなり今日、ご対面するらしい。どうしてそうなってしまったのかは不明だ。

ようやく私が呼ばれた。私たちは立ち上がり、検事の執務室に向かった。手錠をつけたまま部屋に入った。

そこには小柄で、かわいらしい女性が大きなデスクをもてあますように座って、こちらをじっと見上げていた。意外や意外、やさしげな表情をしている。

どこかで会ったような気がするなあ――それが宮下刑事に次ぐ準主役、坂井モエコ検事に対する私のファーストインプレッションだった。

大阪地検が誇る少壮気鋭《しょうそう》、30歳ちょっと、キャリア5年のセクシー検事であった。

セクシー検事との初バトル

「はじめまして、こんにちは。私が渡辺さんの担当になる検事です」

こういう人たちは自分からは名乗らない。名前を知られたくないのか、名乗る必要もないと考えているのか。

私は手錠をはずされ、腰縄は椅子にくくりつけられた。

1人の執務室としてはかなり広い。私の事務所の軽く3倍はある。大きな窓の眼下に遠大なる大阪が広がり、庶民《しょみん》どもを睥睨《へいげい》するようだ。

気のいいお兄ちゃんのような事務官が、無理やり真面目そうな顔をして横のデスクで記録を取っている。私を連れてきた係官は、私の後方に着席した。

私は坂井検事の顔をまじまじと見つめた。

美人というよりはかわいい感じ。それでいてどこかセクシーなのは服装のせいだ。肩の出た白い薄着に、黒のインナーが透けて見える。場所が場所なら、まるで夜の女に誘われているようだ。

笑顔はすっきりしていて、好感度がかなり高い。目は大きすぎず小さすぎず、口元はきりりと引き締まっている。自信たっぷりでいながらも、そうではないといった演出をつくり上げ、自分の可憐《かれん》さを無言でアピールしている。

　このような女は、たとえば司法修習生同期会の二次会カラオケスナックなんかで、指名されて囃《はや》されながらも「えーっ、私、歌えなーい」などとお約束の遠慮をした後、松田《まつだ》聖子《せいこ》なんぞを振りつきで歌うにちがいない。

　バカな同期の男たちは「あっそれ、モエモエェ」などと合いの手を入れ、われこそがモエモエのシンパであることを競うのだろう。男もバカなら女もいい勝負だ。

　天下国家のためにも、ここは鉄槌《てっつい》を下さねばなるまい。

「このような女、許さじ」私はあらためて、徹底抗戦を自分自身に誓った。

　大阪地検での大敗北とともに、今後の法曹《ほうそう》人生を沖《おき》ノ鳥島《とりしま》検察庁あたりで過ごさせてやろうじゃないか――。私はのちの国賠《こくばい》請求（国家賠償請求訴訟《こっかばいしょうせいきゅうそしょう》）まで念頭に置いた。

「さて、渡辺さんは否認をされているようですが、それは変わりありませんか」

「はい」

　それから宮下刑事と同じような内容のやりとりがつづいた。

「４回、５回聞かれたことに関しては、仕方がないのでお答えいたします。しかし10回も20回も聞かれたことに関しては、黙秘《もくひ》権を行使します。理由はバカみたいだからです。意味のない捜査には協力しません」

私は宮下刑事が洗脳を目的としたかのように10回、20回、ときには30回も40回もくり返したような質問に関しては「お答えするつもりはありません。なぜならそれは何度も回答しているからです」と答えた。

黙秘権を行使する回数が増えた。ときどき坂井検事は無言で長時間、じーっと私を見つめて回答を待った。

なかなかのタマである。私は視線に耐えきれず、答えてしまったことも何度かあった。

しかし1時間も超えると、私の無回答がつづいた。

坂井検事はフーッとため息をついた。そんな自分のしぐさが醸《かも》し出す効果を十分に意識しているのが、手に取るように伝わってくる。

「ところで、渡辺さん。選挙コンサルタントという職業はどんな仕事なのか、説明していただけますか。私にはあまり馴《な》染《じ》みがなくて」と角度を変えてきた。

「わかりました。いくらでも説明させていただきますが、説明にはキリがありません。10分、20分、30分コースのどれでやりましょうか」

「それでは20分でお願いします」

私は、仕事は主に戦略プランニング、広報作り、候補者およびスタッフトレーニングなどであること、コンサルタント先進国アメリカと日本の違い、選挙関連市場の未熟成、現場の実情など、20分ピッタリで話した。

途中、坂井検事が書類に目を落としたので「退屈《たいくつ》だったら止めますよ」と私はいった。ホントかウソかはわからないが「いえ、ちゃんと聞いています」と坂井検事は即座に答えた。

私が話し終えると、坂井検事はしばらく間を置いてからいった。

「そんなプロである渡辺さんが、どうしてこの時期にお金を支払ったのでしょうか。時期的には危ないとは思わなかったのですか」

なるほど、それがいいたいがため、俺に長々としゃべらせたのかい。

「いま考えると、たしかに時期的には悪かったと思います。しかし露《つゆ》ほども運動員報酬《ほうしゅう》とは思っていなかったから、迷いもせずお金を支払ったのです。プロであるから、なおさらそう思いました。というか、思ってもいませんでした」

「おかしいじゃないですか」

「何がおかしいんですか」

「誰が考えても運動に対して払ったのだと思いますよ」

「誰が考えても、という発言は司法担当者として不適切じゃないですか。『みんな』とか『誰でも』という言葉を平気で使うのは無神経です。そもそも職業的にわれわれのようなマーケティング思考をする立場の人間は、統計・指標に基づいた……」

「と思う、といったんです」

騙《だま》されたような気がしたが、ここは深追いしなかった。

上山さんから、私はアドバイスをされていた。

「検事にも当たりはずれはあります。しかしどちらにせよ、検事に嫌われて得なことはありませんから、そのへんは気をつけてください」

なるほど、揚げ足取りをしている場合じゃない。当たりかはずれかは、まだ判明していないのだ。

また夏木弁護士からも事前にアドバイスをもらっていた。

「検事はあきらかに刑事とは人種が異なっています。ある程度は論理的な話をしたほうがいいと思います」

ここは不毛なやりとりは避けようと私は考えた。しかしセクシー検事は不毛なやりとりを仕掛けてくる。

「6万円を渡した理由として、先行投資だとか仕事のお礼だとか、疲れていたのに飲み会にまでわざわざ付き合ったこともあったとかいろいろいってますけど、じゃあ、たとえば私、渡辺さんと飲みにいったら6万円もらえるんですかぁ」

誰があんたなんかに……。ビジネスに役に立つ場合といってるのに、都合のいい部分だけ強調してくる。こいつ子供か、まったく。

話が行き詰まってきた。今日の取調べが終局に近づいたと思ったときに、私は宣告するようにいった。

「先ほども少しお話ししましたが、何十回と同じことを聞かれても、私はもう答えません。ただし初めての質問、または切り口の違った話にはお答えしますので、そのつもりでお願いします。無意味なやりとりはやめましょう」

「重要なことは、くり返し質問をする場合もあります。それで思い出す人も、事実います」

「申し上げたとおり、4回、5回くり返された場合でも、私はサービスとして回答します。それは私の捜査協力です。しかし10回も、20回も、つまり限度を超えたバカみたいなくり返しについて、私は答えません。趣旨をご理解ください」

終了となった。坂井検事はムッとしたように、口をへの字に曲げている。かわいくもなんともない。

思わず私はいった。「そんな不満そうな顔をしないで」

「えっ、私、不満そうな顔をしましたか」

「こんな顔をしてましたよ」

私は額《ひたい》にシワをいっぱいに寄せ、へちゃむくれの顔を検事に示してから、係官とともに部屋を出た。

入ってきたときと同じように、手錠に腰縄はしっかりとつけられていた。

押しかけ弁護士がやってきた?

そのまま私たちは裁判所に行った。裁判官は夏木弁護士のいっていたとおり、たまたま当番の人らしかった。

「ええっと、否認ということでよろしいですか」

「はい、お願いします」

「ご苦労さまでした」

ということで、われわれは福島警察署に帰っていった。時刻は午後5時くらい。結局一日仕事だった。

戻るやいなや、夏木弁護士が面会にきてくれた。東京から新幹線に乗ってきたのだ。本当にありがたかった。頼む機会もなかったが、ここぞというタイミングでやってきてくれる。私にとってはじつに頼もしい正義の味方だ。

私は接見禁止(弁護士以外の者との面会や手紙の受け渡しなどを禁じること)となっていた。悪質かつ証拠隠滅《いんめつ》の恐れあり、と理由が書類に書かれてあった。何をいってやがる、と思ったが、公選法違反の容疑者に対してはすべてそのような扱いになるらしい。手紙も禁止だ。

ただし、弁護士は例外である。弁護士とは自由に好きなだけ接見できるし、文書のやりとりも自由だ。

ただ手紙は検閲《けんえつ》される。暗号などで情報を伝えるのは禁止されているからだ。またその中で、伝言も禁止される。家族に「袋の中のものは処分しといてくれ」などと麻薬の処分を依頼するケースがあったかららしい。

私は係官とともに面会室に向かった。部屋に入る。２時間ドラマでよく見るような、金網越しに話し合うスタイルだ。警察によっては上部が開いていて非常に声が聞こえやすいところもあるらしいが、ここは声がこもって極端に聞こえにくい。窓に口と耳を寄せ合うようにしなければならない。

「どうでしたか」

「おおむね夏木先生のお話どおりに進みました。ただ初めから担当検事で驚きました。約２時間のやりとりがありました」

私は今日のやりとりを夏木弁護士に伝えた。いままでの打ち合わせに特別な変更はなく、異変もない。夏木弁護士はここが東京ではなく、大阪なのが心配のようだ。

「東京ならば、ガス抜きを兼ねて毎日くるのですが……」

「いや、大丈夫です。特別なことがない限り、きていただかなくても私は心配ありません。速達でやりとりしましょう。先生から連絡がなければ、方針に変更なしという理解をしますので」

私は自分より、外のことのほうが心配だった。自分はまったく大丈夫であり、房の中は思いのほか快適であり、同房者ともきちんと仲良くやっている旨を、父、事務所の和泉などに伝えてもらうようお願いした。情報を共有してもらえば、なんとかしてくれるはずだ。

2時間ほど話して、夏木弁護士は帰っていった。

息をつく間もなく、また面会だった。私の知らない弁護士だ。

「どうする？　押しかけ弁護士というのもいて、ニュースを見てやってきたのかもしれんぞ」係官は心配してそういった。

「とにかく会ってみます」

私は再び面会室に向かった。何かあったら困るので、同行した係官にボールペンを借りた。ところよく貸してくれたが「いちおう、俺のほうにはペン先は向けないでくれ。それは禁止されているから」といわれた。

係官には尖《とが》ったものは向けないような決まりがある。食べた弁当箱を房の中から小窓に出す場合も、箸《はし》は尖ったほうをこちら側になるように置くこととなっているらしい。ただしこれらは係官にいわれたのではなく、上山さんから教えてもらったことだ。いちいちすべて、勾留者には説明しないようだ。

面会室に入ると金網の向こう側に、いかにもアウトドア派です、といった感じの男が待っていた。滝川と名乗る弁護士だった。

滝川弁護士は、挨拶もそこそこに新聞記事を取り出し「このような記事になっています」といった。新聞記事は1段7～8行の簡単なもので、逮捕された事実のみを報じていた。予想していたとおりだ。

滝川弁護士はいきなり「書類を預けておきますのでサインをしてください。選任届です」というが、その前に最低限の説明を私は求めた。

滝川弁護士は、中田さんのバックになっている東洋医学団体の理事長から依頼されてきたとのことで、寺本さんの弁護も引き受けたらしい。

「どうなんですか、寺本さんは」

「初めから認めていますので、略式起訴を目指しています。20日間の勾留はされるでしょうけども」

ひょうひょうとしていた寺本さんがひどく懐かしい。中田さんのことも東洋医学団体のことも一切何も語らず、そちらに捜査の累《るい》がなるべくおよばないようにしているらしい。どこをどうほじくり返されるのかわからないので、たしかに口を慎《つつし》むのがベターだ。警察はいくらでも踏み込んでくる。

われわれのような選挙のプロは、事前打ち合わせが何もできなくとも、本能的に候補者を無条件に徹底的に守ろうとする。プロではない寺本さんだが、何度か選挙を経験するうちに、われわれと同じような体質を自然に身につけてしまったのだろうか。

一方、どんな候補者でもひたすら、俺は関係ない、知らないというふりをする。よし悪しは別として、それはそれで正しいことだと思う。これも候補者らは誰に教えてもらわなくても、軒並み自然と身につけるようだ。

だいたいの事情は飲み込めたが、私は夏木弁護士を選任している立場だ。打ち合わせにない勝手な振る舞いをして、弁護活動に支障をきたしては困る。

「東京の夏木弁護士を選任し、すべてを任せています。電話で話してみてもらえますか。夏木弁護士がオーケーすれば選任しますので、とりあえず電話をお願いします」

滝川弁護士は了解して帰っていった。ほんの15分の面会だった。

「大丈夫だったか」係官は聞いた。

「はい。大丈夫です」係官はそれ以上、聞こうとしなかった。


房に帰ると、上山さんが興味津々《しんしん》でいまの面会の件を聞いてくる。私はくわしく話した。

「ははーん。その候補者サイドは、渡辺さんが取調べで何を話すか、情報がほしいのでしょうね。弁護士料については何かいいましたか」

「いいえ、何も」

「じゃあ候補者側が弁護料を払うつもりでしょう。東京の弁護士じゃ、きてほしいときにも急にはこられないだろうし、こちらはこちらで依頼してもいいのではないですか。利害関係は微妙ですけどね」

「そうかなあ」

私は夏木弁護士に速達を出した。滝川弁護士の件について、連絡をしてくるだろうから判断してほしい、と書き綴《つづ》った。もちろん、勝手に選任する気はなかった。

翌日また滝川弁護士がきた。夏木弁護士とあれからすぐに電話で話し、オーケーが出たとのことだった。私は滝川弁護士の選任届にサインをした。弁護士たる者、まさかウソはいわないだろうし、選任するなら早いほうがいいと判断したからだ。

その後、夏木弁護士から返事がきた。上山さんのいったとおりのことが書かれてあった。結論的には選任してもいい、というのが夏木弁護士の考えだった。ただし団体側の弁護士なので、中田さんや組織サイドに立った利益を第一に考えるはずなので、二者択一の場面が出てきた場合は渡辺さんの側には立たないだろうから、そのへんは十分に注意する必要がある、という注意が添えられてあった。これも上山さんのいっていたとおりだ。

結果的には滝川弁護士は、私のために終始全力を尽くしてくれたと思う。

第4章　熱血刑事＋セクシー検事との神経戦

取調べは「8時間労働＋しばしば残業」と同じ

　翌日から毎日、福島警察署内の取調室で取調べがおこなわれた。朝の9時過ぎ、宮下刑事と大道刑事が迎えにくる。取調べはそれから昼までつづけられ、昼食後は午後1時から5時くらいまでまたつづく。日によっては夕食後、9時くらいまでプラスされた。

　その間「トイレに行きたい」「お茶が飲みたい」など私が要求すると、10～30分程度の中休みが与えられた。

　このときの福島警察署の留置場の中では、私が群を抜いて取調べの時間が長かった。房は10近くあったが、ほかの人たちはおおむね2時間程度から長くても4時間くらいの取調べだったように思う。取調べが一日、まったくない人も何人かいた。

　もっとも上山さんによると、取調べがまったくないのも困るという。房の中は退屈《たいくつ》すぎるからだ。本を読むのに飽きてしまうと、どうしようもなく暇をもてあましてしまう。私が入房してきたとき、人恋しさで会話に飢えていた上山さんがその状態だった。

あまりにも私の呼び出しが多かったためだろうか。私に手錠を嵌《は》めながら、

「何をやったか知らんけど、頑張りぃや。イヤやったらイヤって、はっきりいうんやで」

と小声でささやいた係官がいた。

おいおい、係官がそんなことをいっていいのかよ、とも思ったが、係官のあたたかみのある低い声が身にしみた。何の容疑できたのか、知らないわけはない。声をかけたくて、あえてそういったのだろう。

ここにいるのは、房の中にいるのも外にいるのも、ただのひとりひとりの人間なのだとつくづく感じた。


宮下刑事のカキフライのような顔は、そろそろ見飽きてきた。

「えー、今日も同じことを聞いていくしかないのですが……」

毎度毎度このようにはじまる取調べは、まったくイヤになってきた。

あまりに同じ質問がつづいて辟易《へきえき》としていたので、雑談のときに私のほうからちょっとエサを撒《ま》いてみた。

「しかしおおさか維新の会も口グセのように、改革改革といいますが、中を覗《のぞ》いてみたらいろい

ろやってるものですな。けっして法律違反ではないが、人に堂々といえないようなことをいくつか目にしました。どの政党も似たり寄ったりなのでしょうね。まっさらのきれいな政党なんて、政治をやってる以上あるわけがない。もしマスコミが知ったら、きっと大喜びでしょうね」

宮下刑事と大道刑事が目を剝《む》いた。体勢を変えて急に身を乗り出してきた。

「それで?」

「ハッ?」

「たとえば維新のどんなところがですか」

「ああ、……ここでいうわけないでしょう。私は職業上知り得た秘密は絶対にしゃべりません。いまは退屈だったので、つい口をついて出てしまったのです。雑談として」

落胆《らくたん》したのが、手に取るようにわかった。

「じゃあ、初めから話さなければいいでしょう」

「そうですね、すいません」

私は心の中で舌を出した。想像していたとおりじゃないか。

それから大阪を離れるまで、5度、6度と「維新のあれは、やはりお話ししてもらえませんか」といわれた。

もちろん話すことはなかった。そもそもたいしたことは知らないし。

黙秘権の行使はつらいよ

私は黙秘《もくひ》権の行使にシフトした。

いままではいかなるときにも宮下刑事の目を見つめながら話を聞いていたが、これはもう意味がなかった。向こうも早々と目をそらしてくる。

私は宮下刑事のシャツの、第二ボタンくらいに目を落とし、終始じっとしていた。これは新聞で以前読んだ記事が参考になった。猿被害の記事だった。

山や道ばたなどで猿に遭遇《そうぐう》してしまった場合、逃げてはいけない。追ってくるからだ。しかし対峙《たいじ》して目をじっと見てはいけないともいう。それは向こうが攻撃してくる可能性が高まるからだ。胸元に視線を落とすのが正しい対処法だと記事には書かれてあった。

なるほど、胸元か。

これは黙秘権を行使するには、もってこいの方法だと思った。猿だろうが人間だろうが、正面から見つめる以外の方法として、これしかないと私は思った。まさかそっぽを向いているわけにはいかない。

３ヵ月近く大阪で拘束《こうそく》されていた高橋さんはいっていた。

「**黙秘権を行使する場合、いかなる雑談にも応じてはいけない。雑談に応じると、刑事はそこから突破口を開いてくる**。一度黙秘権を行使すると決めた日は、一切言葉を発しないようにした。

しかしこれがつらかった。時間がたつのが遅くて。どれくらいたっただろうかと刑事の腕時計を覗いたら、まだ10分しかたっていない、なんてことがあってがっかりしたよ。仕方がないので、机の傷を一所懸命に数えていた」

しかし私にはそのような苦労はなかった。高橋さんの刑事はほとんど黙《だま》っていたらしいが、宮下刑事はつねにしゃべっていたからだ。同じような話だが、1テーマに約10分、5つ6つが終わったら2周目に向かう。じつにたいしたものだ。タフネスという以外に言葉が見あたらない。

かなり快適な留置場暮らし

房の中は、なんとぐっすりと眠れるものなのだろうか。

連日の過酷《かこく》な取調べの疲れなのだろうか、毎日の睡眠は十二分にとれた。

就寝は午後9時で、起床は午前7時。定められた睡眠時間は、なんと10時間もある。そんなに眠れるわけがないと、横になってから取調べのことなどあれこれと考える。1時間も考えごとをしていると自然と眠りに落ちた。

7時の前に目は覚めてしまう。外が明るくなってくる。しかしもともと睡眠時間が10時間も確保されているのだから、どんなに眠れない日でも最低8時間くらいの睡眠はとっているのだ。

上山さんに「渡辺さんは、ミンザイは飲んでいるのですか」と聞かれた。

「〝民罪〟？　それって何ですか」

「睡眠薬のことです」

「いや、生まれてから まだ飲んだことがありません」

「ほう、それであれだけ眠れるのはたいしたものだ」

べつに私のことをバカにしていっているのではない。上山さんは処方してもらって、眠る前に毎晩のように睡眠薬を飲んでいた。腰痛で眠れないらしい。

私のいびきがうるさいときは起こしてくれと上山さんには頼んでいたが「いびきがうるさくて眠れないようじゃあ、これからのムショ暮らしはつとまりませんよ」というあたたかいお言葉をいただいた。

もし起こしたら私は「すいません」と謝るだろうが、夜中に謝られるのはたまらないから、と彼はいう。狭いところにふたり暮らしとなると、自然に相手のことを思いやるようになる。わが家も１ＤＫくらいの部屋に引っ越すのも悪くないとつい考える。

しかし耐えられなかったのだろう、夜中に布団がゆさゆさと揺れたこともある。見ると、上山さんが真剣な顔をして、布団の端をつかんで揺らしている。よほど私がうるさかったのだろう。申し訳ないと思いつつ、謝ったら向こうが気まずい思いをしてしまう。私はそのまま寝た。少なくともいびきは止まったはずだ。

よく上山さんには、

「渡辺さんは無呼吸症候群だとしても軽症だと思います。いびきは規則的ですし。こういう角度のときはうるさくて、こういう角度で寝ているときは静かです」

などと分析された。

しかし就寝中も照明が点《つ》けられているのには、当初慣れなかった。周辺は照明が消され、なおかつ部屋のもやや落とされるのだが、常日頃は真っ暗の中で寝ていたので、薄暗く青白い真上の明かりが不気味だった。

もっとも人間の慣れというのはすばらしいもので、3日もすれば馴染《なじ》んでしまった。なんとかなるものである。

また私は日頃、夜中の3時とか4時とかに目が覚めてしまい、トイレに起きることがある。年齢的にも仕方のない現象なのだと思っていたが、不思議にも房の中ではこれがピタリとなくなった。途中で目が覚めないのだ。

これはなぜかわからなかった。無理やりに理由を探せば、精神的肉体的に疲労が蓄積され、目が覚めにくかったのか。あるいはビールをはじめとする酒をまったく飲まなかったので、その分夜中にトイレに行かなくてもすんだのか。本当のところはわからない。

宮下刑事には、しばしば「眠れますか」と聞かれた。

「いえ、なかなか」当然ながら私はそう答えた。「はい、とってもよく」などと答えると、どんなイジメがあるかわかったものではない。


取調べとは裏腹に、房生活は意外や意外、結構楽しかった。

もちろんこれがずっとつづくとなれば嫌気も差してくるだろうが、いちおう短期決戦のつもりでいたので、これはこれで充実感を満喫《まんきつ》できるものだった。

朝食の後、順次運動の時間となる。だいたい房ごとに運動となるので、私は上山さんと一緒のことが多かった。

運動といっても、狭い屋上のような戸外に出るだけだ。運動場の天井にも金網が張りめぐらされ、拘束感は満載だ。文字どおり体操なんかしているのは私くらいで、ヒゲを剃《そ》ったり爪を切ったり、係官とおしゃべりをしたりと、おのおの体をのびのびと伸ばせる唯一《ゆいいつ》自由な時間だ。

運動場には共同の電気カミソリがある。電池のカミソリは差し入れが認められているので、私は父から送ってもらったが、どうもフィーリングがあわずヒゲがからまりそうな気がして、結局23日間、一度もヒゲを剃らなかった。当然髪も切らないので、最後にはまるで石川五右衛門《いしかわごえもん》のような泥棒ヅラになってしまった。この見かけ倒しの迫力はのちになにかと役に立った。

上山さんなど慣れた人たちは、係官とジョークなどをいい合っている。また違う房の人たちと一緒の運動になったときは、それぞれが知っている留置場、拘置所や刑務所の情報をやりとりしたりする。係官もそれに加わり「ああ、あそこはそんなに厳しいのか」などと話したりしていた。やはり施設もそれぞれで、厳しいところとそうでないところがあるらしい。福島警察署はどちらに分類されるのだろうか。

昨夜は近くで花火大会をやっていたらしい。

「この季節は、俺は毎年どこかに入っているなあ。花火のとき、シャバにいたことがない」なんていってる人もいた。

風呂は週2回だけだ。通常ならば毎日の入浴を欠かさないが、真夏とはいえ、冷房完備でほとんど汗をかかない生活だ。このような暮らしだと毎日風呂に入る必要がないと知った。しかし3日は普通に耐えられるが、4日目はつらかった。

風呂時間は15分で、2人1組である。私はやはり上山さんと一緒が多かった。着替えを持って、脱衣場に入っていく。寝ても覚めても、次の入浴まで着た切り雀《すずめ》だ。特にそれで問題はなかったが、さすがに靴下は何日も同じじは嫌だったので、外出（取調べ）のときだけ履くようにしていた。

浴室の中は2人用としては十二分に広くピカピカで、マーライオンのような大きな口から時折熱いお湯が大量に流れ出てくる。シャワーはプールにあるような大型のものが2つついていて、設備的には何の問題もなかった。

「あれだけ風呂をきれいにするのに、どれだけ大変か知ってるか」係官は自慢《じまん》するようにいっていたが、たしかにこれは大変だろうなと思う。

上山さんは自分の順番になって風呂に入ったときに、前の人が床に水をこぼしていたりマットが乱れていたらすぐに怒った。そしてすぐさま係官にいった。

「風呂に入るときは次の人のことを考え、きちんとマナーを守るようにいってくださいよ」

「ああ、……わかった」

いわれた係官はタジタジである。

浴室の窓の外には係官が立っている。見るような見ないような、微妙な視線と立ち位置だ。役目とはいえ、男の裸《はだか》など見たくないのだろう。

上山さんはきれい好きだ。体のすみからすみまで磨き上げるといった様子だ。そういえば毎朝毎晩の洗面のときも、手はもちろん、顔も石鹸《せっけん》で洗っていた。

私も真似をして、洗面時に石鹸で顔を洗った。なにか、ガビガビして気持ち悪い。そういえば私は、石鹸で顔を洗うなんて3年ぶりくらいだ。いつもはお湯でパシャパシャとやるだけだし。

入浴の間に、洗濯機を回してもらう。洗濯が終わったら、自分で廊下に干しにいく。廊下にはズラッと洗濯物が干してあり、なかなか壮観だった。まるで寮生活のようだ。

ダイエットでき、鼻炎も治る浄化生活

ほかの警察署はよく知らないが、わが福島警察署の房に住むこのときの住人は、比較的真面目な人たちが多かったように思う。

特別問題を起こすような人はいなかったし、運動や風呂で初対面の人たちは、みんな黙礼《もくれい》や挨《あい》拶《さつ》をきちんとした。拘置所に移管される人が出ていく際には「頑張れよー」などと大きな声援が方々から飛んだ。厳密にいえば規則違反だろうが、係官は誰も怒らなかった。

係官も房の人間たちの安全や安心に対して、かなり気を配っていたように思う。もちろんそれは規則なのかもしれないが、規則以上のものを感じた。言葉は変かもしれないが、なんとなく〝一緒に生活してる感〟があった。

ちょうど昼から午後1時まで、ラジオの音が流される。係官がつけ忘れると、どこかの房から「すいませーん。ラジオ、お願いします」と必ず声がかかった。ラジオ好きなヤツがいるものだなあと、妙に感心したものだ。

自殺に対してはかなり対策が取られていると思った。房の中のつくりも、日々の規則もそうだった。薬はそのときに飲む分だけを受け取り、それを舌の上にのせて係官に見せる。係官のオーケーで、お茶と一緒に薬を飲み込み、また口を開けて何も入っていないことを示す。間違いなく飲んだことを見せるのだ。これはたとえば睡眠薬を毎日飲む人などが、睡眠薬をため込んで自殺に使ったりするのを防ぐためらしい。

私は3種類も薬があったので、朝晩とずいぶんお世話になった。私が忘れていたときは「血圧の時間だぞ」などと持ってきてくれた。不思議なもので、向こうが忘れているときはこちらが覚えていて「鼻の薬、そろそろお願いします」などと時間の見当をつけていったりした。就寝前の洗面のときは、こちらがいわなくても、カップの中にポリデントを係官が入れてくれた。

みんなよく本を読み、また、よく手紙を書いていた。ほかにすること、できることがないのだから、それも当然なのかもしれない。

上山さんは昔刑務所にいたときにペン習字をやっていたらしく、おそろしく見事な文字を書く。行書体が微塵《みじん》も崩れず、美しくすらある。私はといえば、小学生のほうがまだきれいなくらいのレベルで、恥ずかしいことこのうえない。

「テキストは何でもいいのです。１００円ショップのだって構いません。とにかくお手本を真似しよう、真似しようとする気持ちが大切なのです」

そう教えてもらったが、極意はいまだにわからない。

きれいな文字を見ていると、心が洗われるようだ。などといっているのは初めだけで、徐々に腹が立ってくる。どう逆立ちしても自分にはこうは書けないと、手紙を書いているうちにわかってくるのだ。そもそも手紙はおろか、文章を直筆で書くなんて、本当に久しぶりである。

三度の食事は、小窓から入れられる。弁当の前にお茶と、食事用の小さくて白いマットが入れられる。

三食とも箱に入った弁当だが、アジフライをはじめとする魚のフライもの、とんカツ、卵焼き、ハンバーグなどをメインに、野菜や漬物なども入っていた。パン、麺《めん》、丼物《どんぶりもの》は一切出なかった。警察によっては、毎朝パンというところもあるらしい。

ご飯の量はかなり多くて、私が全部食べたのはほんの数回だった。味つけは悪くはなかったが、やけにカレー粉が多用されているような気がした。

「カロリー計算や栄養学がしっかりしていない業者は、ここでは通用しない」と係官がいっていたが、たしかに私の日頃の食事よりはかなり健康的だ。

私は23日間で7キロ痩《や》せた。普通に生きていただけなのに。しかしシャバに出てから1週間ちょっとで5キロ戻ってしまった。

酒は飲めないし、脂《あぶら》っこいつまみは自動的に食べないし、お菓子だとか締めのラーメンだとかも食べないし、なにより規則正しいので、われわれのような肥満中高年は確実に痩せる。いかに日頃、自堕落《じだらく》な生活をつづけてきたのかを痛感させられる。

また**外部の空気に触れることが極端に少ないので、1週間もすると、花粉症、鼻炎がピタリと止まってしまった。**もらっていた鼻炎の薬は、係官にいわれなければ使わないようになってしまった。

外に戻って数ヵ月たつと、再び鼻炎がはじまった。しかし以前と比べて、かなり軽度だ。スプレー式の薬は使っているが、ほぼ快適な状態がつづいている。ひどいときはティッシュが手放せないくらいだったのに。

体の脂肪《しぼう》も悪い菌《きん》も洗い落とし、体全体が浄化されたような気分だ。

しかしいいことばかりではない。血圧はかなり上がっていたと思う。取調べの最中など、ボーッとのぼせるような感覚に時折おちいった。血圧が高いときの、典型的な私の症状である。ただ留置場のは日頃よりきつめの薬だったのか、出た直後に血圧を測ったら、いつもより低めで、むしろ低血圧になっていた。

手のひらの皮がむけてボロボロになった。これは雑巾を使って拭き掃除を毎日欠かさずやったからだと思う。外に出て２〜３日で自然に治った。

また、肘《ひじ》が真っ黒になって、風呂で洗ってもおいそれとはきれいにならない。房の中ではほとんど畳に肘をついていたからだと思う。本を読むにしても何かを書くにしても、房の中では生活肘つき率は格段に高まる。自由の身になっても、数回の入浴をくり返さなくては元に戻らなかった。

のちにすべてが終わって、外に出るときにふと「金は払わなくていいのかな」と思ってしまった。23日間の生活を振り返って、タダということにとても違和感があったのだ。

これだけメシを食って住居を提供してもらって、週２度だがきれいな風呂にも入れてもらった。しかも留置係官には並のホテルマン以上のサービスを受けている。医者の健診、薬はすべて無料だ。健康保険を使った形跡はない。

環境がちょっと違えば、少なく見積もっても20万〜30万円程度の経費を請求されても仕方がないだろう（この間自分の仕事ができなかったことは、すっかり忘れていた）。

国家の借金が１０００兆円を大きく超えたのも無理はない。一定の留置者にも労務をさせたほうが、経営的にいいのではないだろうか。留置労務者とギャラを折半して。

しかしこの留置場システムは、方法によってはビジネスになると思う。たとえば「身体浄化スクール23日間コース」。ここの留置場方式をこのまま取り入れ、実際よりやや広めの房の中で快適に過ごすのだ。

読書と軽い運動以外は一切何もさせない。必要な薬は出して、食事は三度三度規則正しく食べさせる。もちろんしかるべき栄養士が作成するメニューだ。医者が毎日ヘルスチェックする。取調べの代わりに、ヒーリングとかアロマテラピーなどを実施する。これなら唯一の欠点である血圧上昇もないはずだ。

どう考えても悪くはない。ありきたりのレジャーに飽きたらない健康オタクには人気爆発となるかもしれない。

週1の物品購入、人気はお菓子・あんパン

週に1回だけ金曜日に、物品を購入できる。

ここへきた翌日は金曜日ではなかったので、すぐに必要な歯ブラシと歯磨きは、係官に買ってきてもらえた。

あとは金曜まで我慢する。シャンプーは〝官〟と記入されたシャンプーを貸してもらった。のちに購入したものとまったく同じ商品だったので、おそらく出ていった人の残り物なのだろう。私も出るときには何点か物品を残してきた。

そのほか必要なものはさほどない。購入物品としては封筒、便箋《びんせん》、ボールペン、切手、石鹸、洗濯用の洗剤、そんな程度だ。これらはほとんどが１００円である。そういえば１００円ショップで見たような商品ばかりだ。

ほかに購入できるものとしては、週刊誌・漫画週刊誌が全部で7〜8種類、菓子パン、コーヒー牛乳などのソフトドリンク、袋詰めのお菓子3種くらい。お菓子はポテトチップスとかキャラメルコーンとかだ。お菓子は結構人気があった。上山さんも「チョコレートなんとかを２つ」なんて注文をして、２つを連続食いしていた。

これらは同房者にもらったりあげたりするのは禁止されている。お菓子だけではなく、食事のおかずなども禁止だ。いじめにつながると考えているらしい。

なぜか週刊誌は文春と新潮がなくて、ポスト、現代、アサヒ芸能、実話の4誌だ。ここでの需要に基づいているのだろうか。世間とは少しニーズが違っているようだ。

「すいませーん。ヤングマガジンって、どんな漫画ですかぁ」

「いやあ、どんなっていわれてもなあ」

聞かれた係官は困っている。アホな質問をするヤツもいるものだ。

自分のお金で食事を取るのを「自弁」という。

頼めるメニューは限られていて、ラーメン、味噌ラーメン、焼きそばの3種のみだ。

ラーメンは350円で、味噌ラーメンと焼きそばが500円。上山さんも係官も口をそろえて「ラーメンはまずい」というが、私は2度頼んだが結構おいしいと思ってしまった。昔ながらの普通のしょうゆラーメンだ。関西風なのか、かなり薄い色だった。

翌日に食べるものを注文するのであって、今日食べたいと急に思ってもそれは通らない。「昼、ラーメン。夜はあんパンにりんごジュース」などと注文する。

菓子パンは3種類あり、あんパン、カレーパン、三色パンだ。なぜかいちばん人気はあんパンだった。私もあんパンを食べたが、普通の菓子パンなのにひどくうまく感じられた。

若い連中は自弁を毎日ガンガン頼んでいた。年配者はあまり頼まない。私はダイエットを敢行していたし、たくさん注文するのは「まだまだケツの青いヤツ」と見られるようなムードが漂っていたので、23日間を通じて注文したのは結局ラーメン2回とあんパン1回のみだった。

コーヒー牛乳も人気があり毎食のように注文している兄ちゃんがいたが、冷えてもいないあんな紙パックのものなんか、おいしいのだろうか。

自弁を注文しても、本来の弁当（官弁）は出てくる。若い連中は両方ともモリモリ食べていた。すごい食欲だ。まるで部活をやっている中高生のようだ。

自弁も毎日のように頼んでいると、相応にお金がかかってくる。官弁がまずいところなら大変かもしれない。ちなみに官弁を残しても、特別のペナルティーはない。

誰もが購入していたのが、切手、封筒、便箋、ボールペンのレターセットだ。

上山さんによると、尊敬の念を持たれるのは面会や差し入れの多い人、手紙がよくくる人、ということだ。ちなみに軽蔑《けいべつ》されたり、いじめられたりするのは強姦《ごうかん》で入ってきたヤツだ。

運動のときに上山さんが、一緒に運動になった背の高い男に「自分は強姦で入ってきたのだが、刑務所に行ったらいじめられるだろうか」と相談されていた。上山さんは「いじめられるかそうでないかは自分しだいだ。頑張れ」と励ましていた。

手紙を多くもらうためにも、こちらからもたくさん手紙を書くようになるのかもしれない。また私のように接見禁止の者たちも、弁護士との手紙のやりとりは認められているのも理由のひとつだろう。

弁護士への手紙は、伝言や暗号は禁じられている。しかし上山さんによると、要は書き方や伝え方しだいだという。

たとえば「父に酒をあまり飲むなと伝えてくれ」というのはいけないが「父があまり大酒を飲まず、健康に留意するよう希望します」と書けばオーケーだ。それで弁護士には十分に伝わる。

私はやはり「一日も長くＮＺに滞在して、娘の勉強になるよう希望します」と書いたら、これが係官にダメ出しされた。

「ＮＺって何だ？」

「ニュージーランドです」

「じゃあ、このままでいいかな」

「いや、べつにどちらでもいいです。直します」

ちょっとでも不明なものは指摘され、場合によっては修正させられる。証拠隠滅や不法行為に当たらなくとも、規則なのだから仕方がない。

しかし弁護士との微妙なやりとりはできなかった。刑事に伝わるかもしれないと考えたからだ。特に今後についての自分の考えは、向こうに伝わると結構やっかいだ。

読書以外の唯一の楽しみが手紙のやりとり、というのが現実だ。


「この女、なめとるな」


上山さんも私も取調べで、廊下ですれ違ったときがあった。あとで上山さんにいわれた。

「**ワッパをされたときは**、渡辺さんのように腕を伸ばして下におろし、猫背になって歩いてはいけません。**ワッパされた両手を胸のところまで上げて、堂々と胸を張って歩かなくてはならないのです**」

上山さんはそのときの私の格好を真似た。なるほど、いかにも卑屈《ひくつ》で、罪を犯しましたというスタイルだ。理屈ではない。もう格好が語っている。

それからスッと立ち、そろえた両手を上げた。まるで違う。先ほどの姿は江戸時代の島流しにされる罪人のようであり、今度は罪なき罪を着せられた冤罪《えんざい》の人のようだ。

私は候補者の見栄えのよさを日頃演出しているが、同じ人でもこれだけ立ち方で違うのは見事だと感心した。また上山さんの教え方にも感心した。２つの姿をやって見せ、少ないワードで説明する。必要以上の言葉は並べ立てない。コンサルタントの神髄《しんずい》かもしれない。

「昨日寝てから私、考えたんですけどね……」それから上山さんは言葉を継いだ。

「渡辺さんは何も悪いことはしてません。もちろん細かい法律論は、私にはわかりませんけど。でもお金を取ったのではなく、あげたのですよね。しかも渡辺さんは買収のお金ではないという。悪いことどころか、むしろいいことをしたのだとしか思えません。渡辺さんは堂々としているべきです。背中を丸めてはいけません」

励ましてくれる人がいるだけで、ずいぶんと心が安らぐものだ。窮地《きゅうち》におちいっているときに、そんな人をたまたまそばに送り込んでくれためぐり合わせに感謝した。


さて東京で逮捕される前より、刑事の質問が同じことのくり返しになってから一貫して私は「意味のない時間の浪費はさっさと終えて、司法の場に早く行かせてくれ」といいつづけた。大阪にきてもやはりくり返しはつづいたので、私は「このままでは一歩も進まないから、検事の取調べをしてほしい」といった。

むさ苦しい刑事の男顔にあきあきして、ビジュアル的にもグッドなモエモエに会いたかったわけではない。本当にさっさと、意味ある事態に進みたかったのだ。

宮下刑事と大道刑事は顔を見合わせた。

「そんなこと、いわれたことがありません」

そうだろうか。これじゃ誰だって私と同じように考えるはずだが。

とにかく連日「えーと、今日も同じようなことを聞いていくしかないのですが……」で取調べがはじまるのだ。本当に毎日〝埒《らち》があかない〟。これ以上、現状を表すのに適切な言葉はない。


希望がかなえられたのかどうか、早い段階で私の検事調べがはじめられた。私の場合、初回の罪状認否のときも担当検事のモエモエだったので、事実上2回目の取調べだ。

今回はこちらが大阪地検に行くのではなく、坂井検事が福島警察署までやってきた。取調室に入ると、ニッコリ笑ってから、汗を拭き拭きいった。

「思ったより遠かったです。自転車をこいで、ここまできたんですよ。今年も暑いですね」

この女、なめとるな――。

私は心の中で大阪弁になっていた。黒塗りの専用車でこいとはいわない。マイカーでこいともいわない。それにしても自転車はないだろう、自転車は。自分がかなり小物に見られているような気がした。小物だけど。

大阪では検事調べは、基本的に調書（検面調書。検察官面前調書の略）は取らない。可視化が進められ、録画するからだ。警察で検事調べをおこなう場合、録画できる部屋を使用する。いつもよりゆったりとした部屋で、心にもゆとりが持てる。

しかし残念ながら、坂井検事の取調べはやはりくり返しの同じような質問ばかり、新しい切り口はほとんどなかった。

取調べは２時間におよんだ。雑談が多くなった。

「どういう方法で当選させるのですか」

「まずは好感度を高めます。それから後援会組織を強化します。組織づくりは外的ＰＲと並行しておこないます」

「好感度を高めて後援会員を集めれば、当選できるんですか」

「絶対に当選すると保証はできません。しかしそれが基本です」

「後援会員を集めたって、それは内輪の人数が増えるだけで、当選できるようには思えないのですけど」

こんなところでドシロウト相手に選挙論を戦わせていても意味がない。

だんだん面倒くさくなってきた。徐々に私の言葉も乱暴になってくる。

「当選できるんですよ。後援会の中で死にものぐるいになれる人間が10人もいると、だいたいの選挙では当選します」

それから坂井検事は、自分の苦労話をはじめた。簡単に検事になれたわけではないという。父親は自営業者で、さまざまな苦労をしたらしい。父親は他人の保証人になったり、価値の低い不動産を買わされ商売をはじめたりした。そのため金銭的にはけっしてめぐまれた学生生活を送れなかった。だから現在も奨学金の返済をしているという。その残金はおよそ６００万円。

「安定した国家公務員、しかも法曹《ほうそう》資格者なのだから、６００万円なんて簡単に返せるでしょう」

「そんな簡単なものではありません。私の給料は30万そこそこです」

そういえば私のクライアントである県議会議員も、総支給は90万円くらいあるが、税金や保険や、党費やら議会のなんだか費やら、訳のわからないお金を引かれて、手取りは30万円しかないと嘆《なげ》いていた。わからんなんていってないで、ちゃんと調べろよ議員のくせに、と思ったものだ。

おそらくモエモエもそのタイプにちがいない。いかにも、ガサツそうだし。

しかし、坂井検事はすっきりしたいい顔をしている。口でいうほどではないにせよ、それなりに苦労もしているのだろう。話は下手くそだが、訓練すればなんとかなるはずだ。好感度は悪くない。

人目を奪うような美形ではない。どちらかといえばかわいいタイプだ。選挙オヤジたちのアイドルにはなれても、新人候補者としての賞味期限はあと4~5年くらいなものだろう。それ以上政治や世の中を見つづけていると、この手の顔相は徐々に小憎らしくなってくるだろう。

「国政に出る気はありませんか」

「ハッ？」

「衆議院か参議院。いちばんいいのは自民党公認ですが、道はあるはずです」

「私が議員になれると思います？」

「思います。隠された才能があるような気がする。少なくとも好感度は演出できる」

「好感度だけ高くても仕方がないでしょう」

へーえ、自分の好感度に自信があるようだ。

「初めからあれもこれもそろっている候補者なんていません」

「私は議員になるつもりはありません」

「いまはなくても、もしそのつもりになったら連絡をください。冗談《じょうだん》でいっているのではありません」

「でも私たちは出会い方がよくないのではありませんか。担当検事と容疑者なんて、いくらなんでも……」

「だからこそドラマ性があるのではないですか」

センスを磨《みが》けば彼女はいけると踏んだ。

説得・お願い・脅し……煮詰まる宮下刑事

勾留期間中は、刑事と検事の両方の取調べが並行しておこなわれる。刑事の取調べは自白を得るためのもの、検事の取調べは起訴できるかどうかを見極めるものだという。公訴権を持つのは検事だけだからだ。

宮下刑事の取調べもつづいたが、こちらは日ごとに雑談が減っていき、室内は重苦しいムードに包まれていった。

朝9時過ぎ、「68番、調べーっ」と留置場の係官から声がかかる。そのたびになんともイヤァーな気分になる。

それからゆっくりとトイレに行き、上着と靴下を身につける。毛布を2枚とも定められた様式にたたむ。房に残る上山さんに軽く黙礼をして、おもむろに房を出る。

係官が待っている中央までに数歩歩き、身体チェックを受けてから手錠に腰縄をされる。連れられてドアまで一緒に行く。ドアを開けると宮下刑事と大道刑事が待ち受けていて、時間を確認してから引き渡される。

そのまま階下の取調室まで3人で歩く。ここで挨拶とともに軽口をたたいていたのだが、数日もたつと3人とも無言になっていた。

「いままでと供述が違っても、ウソをついていたとは供述書にはけっして書きません。私はすべて受け止めます。渡辺さんの反省の心を、司法に届けられるのは私だけです」

「真実はひとつです。証拠はもう、たくさんあるのです。いう以外に道はありません」

「大原さんはお金を受け取ったことを、深く深く反省しています。そんな大原さんがかわいそうです」

「渡辺さんの仕事や業績をけっして否定するわけではありません。ただふっと間違ってしまった。

そんなエアポケットに嵌《は》まってしまった。そうじゃないですか」

同じ質問には、私はもう一切答えなかった。内容はもう質問にもなっていなかった。説得というかお願いというか脅《おど》しも含めて、とにかく自白しろということだ。

私の視線はもちろん、宮下刑事の胸元第二ボタンだ。何をいっているのか聞こえない。宮下刑事はただパクパク口を開けているかのような錯覚におちいってきた。私には宮下刑事が徐々に、コメディアンの演じる二人羽織《ににんばおり》に見えてきた。

宮下刑事はいよいよといった感じで苦しそうにいう。

「渡辺さんは早く司法の場に行かせてくれと再三再四いってますが、この取調べだって司法なのですよ。われわれは司法警察官なのですから」

いや、趣旨が違いますって。そういう意味で〝司法〟といっているわけではない。それは宮下刑事も十分に理解しているはずだ。わかっていて主張しているのだから、それに対して答える必要はない。

「これだけ私たちが時間と人を投入しているんです。その苦労はわかってもらえませんか。私たちは休みなしでやっているのですよ」

ずいぶんと勝手なことをいっている。

「わかりませんね」

私は久しぶりに口を開いた。

「そちらが人数も経費もどれだけ投じているか知らないが、これは私の一生に一度あるかないかの大勝負です。私の人生がかかった一世一代の戦いです。税金がどれだけかかっているのか、宮下さんたちがどれほど苦労しているのか、はっきりいって私の知ったことではありません」

宮下刑事はうなずいた。それから少し、時間の空白が生まれた。空調はますます効いてきている。真夏なのに北海道の真冬のようだ。

「だいたいね、司法司法といってるけど、裁判にまでなるかどうかわかりませんよ、こんな案件。裁判官だって聞かないでしょ、渡辺さんのいうことなんか」

おっ、問題発言か。さらに期待しよう。

「そもそも簡単なんですよ、こんなのは。私は個人的には逮捕だって必要だったのか、疑問に思っています」

「……？」

「なぜ検挙するのか。それはそこに法律があるからです。渡辺さんの著書に書いてあるとおりなのです」

そんなことを書いたかなあ、と記憶が曖昧《あいまい》だった。宮下刑事はこの後も何度か同じことをいっていたので、大いに気になった。いわれるたびに私は覚えているふりをして、それなりにうなずいたりした。

のちに私は東京に帰ってから自著（『そうだったのか！　選挙の㊙ナイショ話』）を開いてみた。

すると「逮捕されたらどうなるか」という項に書いてあった。

「それが分かっていて、検挙し起訴するのですか」

検察官はフーッとため息をつき、静かに言った。

「その通りです。そこに法律があるのですからね」

よく読んでくれて、本当にありがとうという気持ちになった（もっとも感謝は、ずっと後になってだが）。そういえば坂井検事も読んでくれたといっていたなあ、と喜んでいても仕方がない。このときはそれどころではなかった。

「休憩しましょう」ふいに宮下刑事はいった。宮下刑事が部屋を出ていき、大道刑事と２人だけになった。大道刑事は私を見ながらいった。

「宮下さんが渡辺さんのことを思って、ああいってるのは間違いないですよ」

「そうですか」

「全然調書を取らせてないじゃないですか。あの人はこういう状態になったら、ふだんは、適当につけとけやあ、と怒鳴って終わりですから」

「そうですか」

調書を取らないと困るのは私ではない。警察側だ。そんなことも知らないと思っているのだろうか。なめられてるなあ……。私の疲労は倍加した。

怒鳴って威嚇《いかく》作戦に切り替え？

休憩後、再び取調べがはじまった。

宮下刑事は趣向を変えてきた。いままでも回答したけれども、箇条書きできるような簡単な質問をくり返してきた。しかし私は「覚えてません」と「答えません。理由は何度も回答したからです」をくり返した。

質問の中で「財布の中のお金を、その後何に使ったか覚えてますか」というのが入っていた。

「覚えてません。ひょっとすると公共料金の支払いに一部を使ったかもしれません」と答えた。

するとと宮下刑事は突然、

「そんなことはいままで一言もいってなかったぞ！　いい加減なことばかり答えてたな。ああ、どういうつもりだ？」

と怒鳴りあげた。

「記録にもそんなことは書いてないぞ！」ここぞとばかりに大声をあげた。

「私は前はなんといったのですか」

「まったく覚えていないといったんだ！」

ホトホト疲れるお人。まあ、1クラスにたまに1人、こんなヤツがいたけどね。

「あのね、宮下さん。矛盾《むじゅん》は何もありませんよ。なにを急に騒ぎはじめたのですか」

「………………」

「それにそちらは2人で、記録を取りながら、それをおそらく何度も精査しながら質問をくり返しているのでしょう。対して私は自分の頭ひとつで答えている。私は人間です。疲労のなか、すべての事象をコンピューターみたいに答えることは不可能です。いったとか、そんなことはいわなかったとか、些細《ささい》なことをあげつらって私を責めても、なんにもなりませんよ。主張の根幹は変えようがないのですからね。子供のけんかじゃあるまいし。きちんとした話し合いには十二分に応じているつもりですがね、私は」

しかし**その日は終始、宮下刑事は怒鳴りつづけていた。**たいした根性である。並みの体力、気力では、なかなかこうはいかない。

その日の終盤、宮下刑事はふといった。

「渡辺さんはこんなことを、ずっと永遠につづけるつもりですか」

「永遠に？　永遠って死ぬまでってことですか」私は笑った。

ここで大道刑事が吠《ほ》えた。

「なんだとぉ、こおらぁああ！」

ものすごい形相《ぎょうそう》だ。Ｖシネマに出てくる三流ヤクザみたいだ。

退屈だった取調べの日々に光明が見えた。私は瞬時に睨《にら》み返し、ついでに舌なめずりをしてやった。眉《まゆ》を意識的に下げ、下から猛然と睨《ね》め上げた。

すると「おおっ」とかいいながら大道刑事がさらに近づいてきた。目と目の距離は10センチもない。

ものすごく長い時間がたったような気がしたが、実際の睨み合いは時間にすればほんの30秒ほどだったと思う。宮下刑事が割って入った。

「やめて、やめて。2人ともやめて。渡辺さん、私を見て。私のほうを向いて」

アップの大道刑事の顔面。私はあらためて大道刑事の顔の大きさに感心した。「タレントのDとどちらが大きいだろうか？」そう思った瞬間、プッと吹き出してしまった。

この勝負、私の負けである。悔《くや》しい。

「渡辺さん、いまは……」

しかし私はここぞとばかりに力説した。

「私は初めから捜査には協力している。しかし非紳士的な場合、もしくは大人と大人の話し合いが通用しないと思ったときは、こちらも相応の対応をするといいましたよね。私は取調べに応じません」

宮下刑事は「私がですか」と聞いた。

私はすかさず、『巨人の星』の星一徹《ほしいってつ》のようにピシッと腕を伸ばして大道刑事を指さした。指さしポーズもそのままに、大道刑事を見据え、星飛雄馬《ひゅうま》さながら一点のよどみも感じさせない口調で「彼です！」といった。

「わかりました。わかりました。今日はこのくらいにしておきましょう」

宮下刑事がいうと、すぐに大道刑事が声を出した。

「私にも一言、いわせてください」私は顔を大道刑事に向けた。

「死ぬまで、なんていうから、ちょっと注意したかっただけです。睨み合いは不毛でしたけれども。他意はありません」

たぶん今日は怒鳴ってみようと打ち合わせしていた日だったのである。ただそれだけのことだ。

大道刑事がナイスガイだという私の印象は、初めから終わりまで変わらなかった。互いに状況が違えば、宮下刑事ともいい友人になれたかもしれない。

「あなたの人生はまだ終わっていない」

３回目の検事調べのときは、「集中」での護送だった。検察庁に着き、集団が４〜５人ごとに用意された房の中に入り、呼び出しを待ちつづける。

そろそろヒゲで顔が覆われるようになっていた私は、誰が見てもいっぱしの犯罪者ヅラだ。周囲からさぞかし悪人と思われているのであろう、大物そうな人に限って、出入りの際にこちらに黙礼する。私も威風堂々と黙礼を返した。

4時間以上も待っただろうか。ようやく私が呼ばれた。房から出て手錠に腰縄をあらためてつけてから、係官とともにエレベーターに乗った。坂井検事の部屋の前に行くと、担当事務官が何事かいっている。

「主任検事が話したいらしい」係官がそっと私にいった。


私たちはそのまま別の階に行き、指定された部屋に入った。坂井検事の執務室よりもやや広い部屋だった。

「はじめまして。私はあなたを担当する主任検事です」

いかにもエリート然とした40代半ばのイケメンが私にいった。やはりこの検事も自分の名はいわない。チラッと見た入り口の名札からすると松木という検事らしい。

手錠に腰縄をはずされ、私も挨拶をして椅子に座った。

「なかなかお目にかかることはないと思いましたが、どうしてもあなたとお話がしたくて、時間を取らせました」

なるほど、エリートはそつがない。言葉遣いも丁寧だし、姿勢もピシッとしている。ケレン味のない紺色のスーツが、正義の象徴のように見えた。

同じエリートでも、中央官庁にいるキャリアとはかなり違ったにおいがする。もちろん若手国会議員とは、雰囲気がまったく違っている。私がいままであまり出会ったことがない人種だ。

「坂井検事から、取調べの状況など報告を受けています。渡辺さんのいうこともわかりますが、もう少し坂井検事の取調べに協力してほしい。私からのお願いです」

キリリと引き締まった顔で、松木主任検事はそういった。

ハイ、と素直に答えるだけなのもなんなので、いろいろ聞いてみようと私は考えた。

「私なりには協力しているつもりです。しかし検事のいいたい趣旨は理解できます。そこでせっかくの機会ですので質問させていただきたいのですが、検事が刑事と同じようなことばかり聞いて意味があるのですか。くり返しの洗脳作業は、まだつづくのですか」

「いや、けっして同じではありません。いろいろな角度から聞きたいのです。刑事は刑事の立場から、坂井検事は検事として」

「そうですか。私には2人の刑事と坂井検事は、三位一体のコングロマリットに見えますがね」

動かざること山のごとし、松木検事は泰然《たいぜん》と私の話を聞いている。

「そもそも司法におけるやりとりとして、私は弁護士と相談しながらこちらの主張をする、検察と刑事は相談して主張を展開して、その2つをぶつけ合うのがニュートラルなポジショニングというものなのじゃないですか」

エリートにフッと鼻で笑われた。悔《くや》しい。

「いまは取調べの段階です。渡辺さんの考えをないがしろにするつもりはありませんし、今後も聞いていく方針です。よろしくお願いします」

そういわれてもなあ、と思う間もなく松木検事は「それから、もうひとつだけ……」といい私の顔をじっと見つめた。

「あなたの人生はまだ終わっていない。あなたはけっして終わってなどいません」

そう力強く宣言した。

ハハーン、なるほど。

私は大阪に連れてこられて、新大阪駅でテレビクルーに追い回されたときに「終わったな」とつぶやいたことを思い出した。宮下刑事はあれを聞き、検事に伝えたにちがいない。

しかし、あれは意味が違う。終わったといったのは、夏木弁護士と立てた〝第一次作戦〟のことである。もうマスコミに名前が出るであろうから次の段階に入り、一次作戦は終了しようという意味だ。無意識にふと口をついて出たセリフである。

検事は誤解している。私がもう投げやりになっている、と思っているのかもしれない。ふだんの私なら心の中で「バーカ、あーほ。全然まったく違ってるよーん」などと、おちゃらけながら冷笑する場面だっただろう。

しかし、松木主任検事の目は真剣だった。冗談や気軽な気持ちでいっている様子は微塵も感じられない。

曲解だろうが誤解だろうが、この松木検事の言葉は、いまの私にとってとてもありがたい言葉だと思った。**自分では頑張っているつもりで、まだまだ余裕があると思っていたが、ひょっとし**

て精神的に弱っていたのかもしれない。

「ありがとうございます」

私は素直に頭を下げた。この検事に今日会えてよかったと思った。

エリートは嫌いではないが、この人はさらに好きになれそうだ。

恐るべし、モエモエ！

松木検事の執務室には20分もいただろうか。私たちはぞろぞろと坂井検事の部屋に戻った。

「どうでしたか。松木検事は」

今日のモエモエは、前回、前々回よりシックな出で立ちだ。

この女、上司に泣きついたな。しかし私はそんな感情はおくびにも出さない。

「エリートって感じですね。イケメンだし」

「そうですよね」ウフッと笑うモエモエ。不倫相手なのだろうか。

「松木検事は国会議員に向いてそうですか」

「そうですね。適性は坂井検事以上かもしれない。誘ってみようかな。ああいうタイプは、その気になるのが早いだろうし」

「あのぉ、知ってると思いますけど、これビデオに撮ってますから。あとで見ると思いますよ、松木検事も」

こっちに振ったのは自分だろと思いながら、私はエリを正した。

「取調べをお願いします」

われわれは取調べに入った。基本的にはいつものようにくり返しだったが、松木検事のカオを立てるために、いつもより丁寧に答えた。しかしモエモエは、まだまだ私の回答には不満なようだった。ときおり例のふくれっ面を見せる。

じーっと私を見つづける作戦に対しては、私もずっと坂井検事の目を見つづけた。かなり長時間、数分以上もそれがつづくこともあったが、もう私がサービスすることはなかった。いくらプロの顔をしてもらっても、二度は通用しない。

こちらにきてしばらく封印していたが、東京での任意取調べのときは宮下刑事とよく見つめ合ったものだ。坂井検事の睨《にら》みが長ければ長いほど、私は図に乗って同じ態勢をとりつづけた。もう慣れたものである。

坂井検事は目を離してから、フッといった。

「渡辺さんがお話ししてくれないと、私は渡辺さんに対して大変申し訳なく思ってしまいます」

「……？」

「私の力が足りないから、渡辺さんは正直にいうことができないのだ、とつい考えてしまいます。もっと私に検事としての力量があれば、おそらく渡辺さんは私に話してくれるのでしょう」

「いや、それは、ないです……」

「ずっと自供しなかった容疑者が、ようやく自供するときには、パーッと顔の色も表情も晴れ晴れとしたものに変わるんです。それは見事なほどに。

渡辺さんはいま、とても苦しそうです。晴れ晴れとした気持ちになっていただけないのは、私の言葉がもうひとつ、何か足りないのでしょう」

アホか、この女!!　毎度使っているフレーズなのかもしれないが、それは違うって。

私はつくづくピントはずれな坂井検事の発言に呆《あき》れかえってしまった。

そもそも苦しかった状況で吐《は》いて晴れ晴れするのは、「やった、やらない」の事案のときだろう。どう考えたのか、Aの考えだったか、それともBの考えだったかを答えるのとは、本質的に状況が違っている。どうしてこの私が、憑《つ》きものが落ちたように晴れ晴れとなれるのだろうか。

ましてそれは、たとえば殺しだとか、強盗だとか、本質的に被害者がいることに対して起こる感情ではないだろうか。しかも凶悪な。

そもそも私は、彼女がいうような苦しさは露《つゆ》ほども感じていない。日々くだらない取調べばかり、といった苦しさはあるけれども。

どうもモエモエとは話が合うような合わないような、不思議なコミュニケーションのズレを感じる。

モエモエは最後にニッコリ笑いながら、少しはにかんだようにいった。

「私は渡辺さんのように頭がよくないから、なかなか要領をつかめなくて……」

それからほんの数秒、能面のような顔でこちらを見た。

私はこのとき初めて、坂井検事に戦慄《せんりつ》し恐怖を感じた。寒気すらしてきた。

これは強烈な皮肉である。検事が自分で頭が悪いと思っているわけがない。

「おまえのようなこざかしい野郎は、必ずこの手で監獄に叩《たた》き込んでやるから、首を洗って覚悟しとけよ！」

という新たな宣戦布告だ。その表情、全身に漲《みなぎ》るオーラからも、凄《すさ》まじいエネルギーが放出され、私に強烈に訴えかけてくるようだ。

怖い。

三十そこそこの小娘を恐ろしいと感じたのは、人生で初めてだった。

恐るべし、モエモエ。

あっさり決まった10日間の勾留延長

さて留置されて、翌々日に勾留決定となり、10日間がたとうとしていた。さらに10日間延長されるのだろうか。夏木弁護士も滝川弁護士も口をそろえて「延長はされます」といっていた。逮捕されてすぐ是認《ぜにん》した寺本さんですら、延長されたと聞く。

しかし私の場合、本当に延長するのかどうか疑問を感じていた。延長してどうするのだろうか。これ以上何を聞くのだろうか。神経戦をこのままつづけるのだろうか。

上山さんの意見を聞いてみる。

「8割、2割でしょう。たしかに渡辺さんの場合、延長されない可能性もありますが、でもだいたいは延長されますよ」

彼の発言はまだ、はずれたことはない。延長はほぼあるのだろうなあ、と思っていた。

10日目に係官がペーパーを持ってきた。

「はい、こんなのがきてるからね」

延長の通達である。あっさりと、もう10日間の宿泊が決まった。

そもそも否認している場合は、保釈もなかなか認められないということだ。しかし上山さんいわく、「最近は比較的簡単に保釈が認められるようになりました。たぶん留置する施設が不足しているのじゃないでしょうか。外国人犯罪もとても増えていますし。否認していても何度も保釈請求を出していたら、認められると思いますよ」。

そしてこんなこともいった。

「渡辺さんはいいですね。方針が否認と決めているから、じつに簡単じゃないですか。黙っていればいいだけです」

「いや、でもいろいろその場ではつらいですよ」

「なにがつらいものですか。要は信念です。**ブレないことが重要なんです。絶対に否認をつづける、そして曲げない。**これだけですわ」

いわれるまでもない。たしかにそのとおりだ。私は否認しつづけることが現在の人生のすべてであり、大げさにいえばいまさら是認するくらいなら死んだほうがマシだとすら考えていた。

いままで見聞きしてきた話だが、と上山さんは前置きし、取調べに関してさまざまなケースを話してくれた。たとえば刑事の取調べ中に、重犯でたくさんの罪を犯している場合は、これを認めればこれを消してやる、いやこれもプラスしてくれればこちらを認めます、など交渉がおこなわれるそうだ。それはもう大変なやりとりで、頭がクラクラしてくるほど頭脳を使うらしい。

私の場合、どんなに長くても、最悪に最悪の状態をつづけたとしても、半年以内には出られるであろう、それまでの勝負だ、という。

半年はちょっと無理だなあ、と思った。ここにくる前に、23日間くらいは絶対に大丈夫だと思っていたが、入ってからは3ヵ月までは大丈夫だろうなあ、と少し変わってきている。でも、自分は大丈夫でも家族はそうではないだろうし、わが家の経済はもっと大丈夫ではない。

「しかしね、**渡辺さんの場合、実際は、起訴されるか不起訴になるかが勝負**だと思いますよ。公判を維持できないと判断されることも十分に考えられます。だからそのためには、ブレないことが大切なのです」

これは夏木弁護士のいっていたとおりだ。私はますます否認の心を強くした。**不起訴になった場合は23日目ですべてが終わる。**

「でも、あれだけの陣容と経費をかけて不起訴にする気には、なかなかなれないだろうなあ」

「そんなの関係ありません。すぐコストを優先して考えるのは、渡辺さんの悪いクセです。彼らにコストなんか全然関係ありませんし、意識もしてません。彼らが重視するのは結果だけです」

自営業者と公務員の違いなのだろうか。われわれはすぐに費用対効果を考える。たしかにそうかもしれない。

「起訴になった場合、すぐに拘置所に移るのですか」

「いや、全員が必ずしも拘置所へ行くとは限りません。いろいろなケースがあります」

「拘置所はここより、やはりつらい？」

「いや、そうでもないです。よし悪しがあります。たとえばメシはまずいですが、お菓子その他はいつでも自由に差し入れてもらえます。だからここよりも太るヤツも多いです」

「じゃ、いちばんつらいのは刑務所ですか」

「どうかなあ。刑務所は作業があるから暇じゃない。そのほうが気分的には絶対いいし、テレビを見たり娯楽もあるけど、人間関係が難しいところもある。これもよし悪しです」

なにやらいろいろあるらしい。しかし後日、例の高橋さんはいっていた。

「そりゃあ、**なんといっても留置場がいちばん**さ。拘置所に移っての１週間が大変だった。ずっと留置場なら俺はもっと頑張れた。拘置所も留置場も大差ないというのは、プロ的な感想だと思うよ」

そうか、上山さんはやはりプロだったのである。

第5章　略式起訴という〝大団円〟

検察から罰金刑の提案がきた

房の食事の中で私がもっともお気に入りのアジフライの日だった。大きなアジフライがドンと存在感を主張している。もうほかのおかずなんか一切いらないもんね、というくらいすばらしい。外でもこんなアジフライは、めったに食べられないのではないだろうか。

「そんなことはありません」と上山さんはクールにいう。

「ここを出たら、すぐにそのへんの定食屋でも居酒屋にでも入って、アジフライを注文してみてください。これよりおいしいのは私が保証します」

「いや、絶対これのほうがうまいですって」

「環境の錯覚ですよ」

「そうかなあ。大きいし味もいいし、ほどよい冷え具合がなんともいえないけどなあ」

なごやかに上山さんと談笑しながら昼食を房の中でとっていると、係官から声がかかった。

「68番、手紙がきてるので、ここに拇印《ぼいん》を押して」

私は記録用紙に拇印を押してから、手紙を受け取った。夏木弁護士からの速達だ。

それによると、**松木主任検事から夏木弁護士に電話がかかってきた。「6万円の運動員買収を私が認めたら、略式起訴で罰金刑にする」と提案してきたらしい。**

もしこれを呑《の》まなければ、正式に起訴をせざるをえない。大阪府警はさらに継続捜査を深めようとイキり立っているという。特に私や候補者の周辺はさらにしつこく捜査をしていくはずだ。警察が訪ねていく相手は、より関係の希薄な親戚、友人、クライアント等まで膨大《ぼうだい》な数におよぶだろう。**松木検事はそれを抑え、ほかも一切なしですべての終結を約束した——。**

夏木弁護士は「最終的に決定するのは渡辺さんですが、これは十分検討に値《あたい》する状況です。滝川弁護士が面会に行くと思いますので、相談してみてください。滝川弁護士も、そうしたほうがいいという意見です」と綴《つづ》ってあった。

その日はちょうど滝川弁護士が面会にくる日だった。たしか午後の7時過ぎにくるといっていた。

大阪に連れてこられる前から、私の名前がマスコミに出た以上は徹底抗戦というつもりだった。もう失うものはない、という考え方だ。

しかし中に入って事態が進んでみると、これからもさらに失っていくものは多いと気づかされる。時間と仕事、私の関係筋にこれからも多くの警察官がチョロチョロしつづける弊害《へいがい》、元の生活に戻ることへの手間ひま……けっして簡単ではない。家族も大いに巻き込まれるだろう。

徹底抗戦は夏木弁護士も同意見だった。しかしここにきて、夏木弁護士の意見は変わってきている。状況の変化の際は連絡がほしい、それまでは方針に変更なしと判断して頑張るからと頼んでいたが、これがその状況の変化になるのだろう。このまま進んでも、ろくなことがないのだろうか。

私が上山さんに手紙を見せ、相談しようとしているところにまたまた係官。

「68番、調べーっ」

一連の儀式を終えて廊下に出ると、いつもの両刑事が待ち構えていた。彼らはこの状況を知っているのだろうか。そのまま取調室に入った。

宮下刑事はいつものルーチンを開始した。

「えーっと、またいつものように同じ質問をしていくしかないのですが……」

「ちょ、ちょっと待ってください」

私は唾《つば》を飲み込んだ。

「じつはですね、なんというか……、さきほど私の弁護士から速達がきまして、弁護士と主任検事が電話で話し合ったそうです。どこまでくわしくいっていいのかわかりませんが、ある意味、一種の合意に向けての提案があったのです。それに従ったほうがいいということで、夕方に滝川弁護士が打ち合わせの面会にくると思うのですが、それまで取調べを待ってくれませんか。せっかく時間をかけて取調べても、無駄になってしまう可能性があると思いますので」

宮下刑事はさほど驚かなかった。検事から聞いていたのかもしれない。

「そうですか。渡辺さんがそういうなら、よほどのことなのでしょう。弁護士さんとの面会が終わりましたら、またお願いします」

「わかりました」

それからすぐに房に帰らず、15分ほど宮下刑事と雑談をした。

ムードはもう、この事件は終結みたいな感じになっていた。私の気持ちは7割くらい、夏木弁護士のいうとおりにしよう、と固まりつつあった。

とはいえ、どちらにしてもやはり手紙だけではなく、専門家の口から冷静な意見を聞いてみたかった。最終的な判断はそれからでも遅くはない。

もしこれを呑まない場合、きっと宮下刑事はがっかりするだろう。しかしそれはそれで仕方がない。また仕切り直しになるだけだと思った。

夏木弁護士の手紙には、

「あまり時間はありません。検察内部をまとめたり書類手続きなどを考えると、２日か３日以内に決めなければなりませんので、滝川弁護士とよく話してください」

と書いてあった。**この10日間の勾留延長の期限内に、私の決断はおろか、検察サイドのすべて**

図2　勾留後の流れ

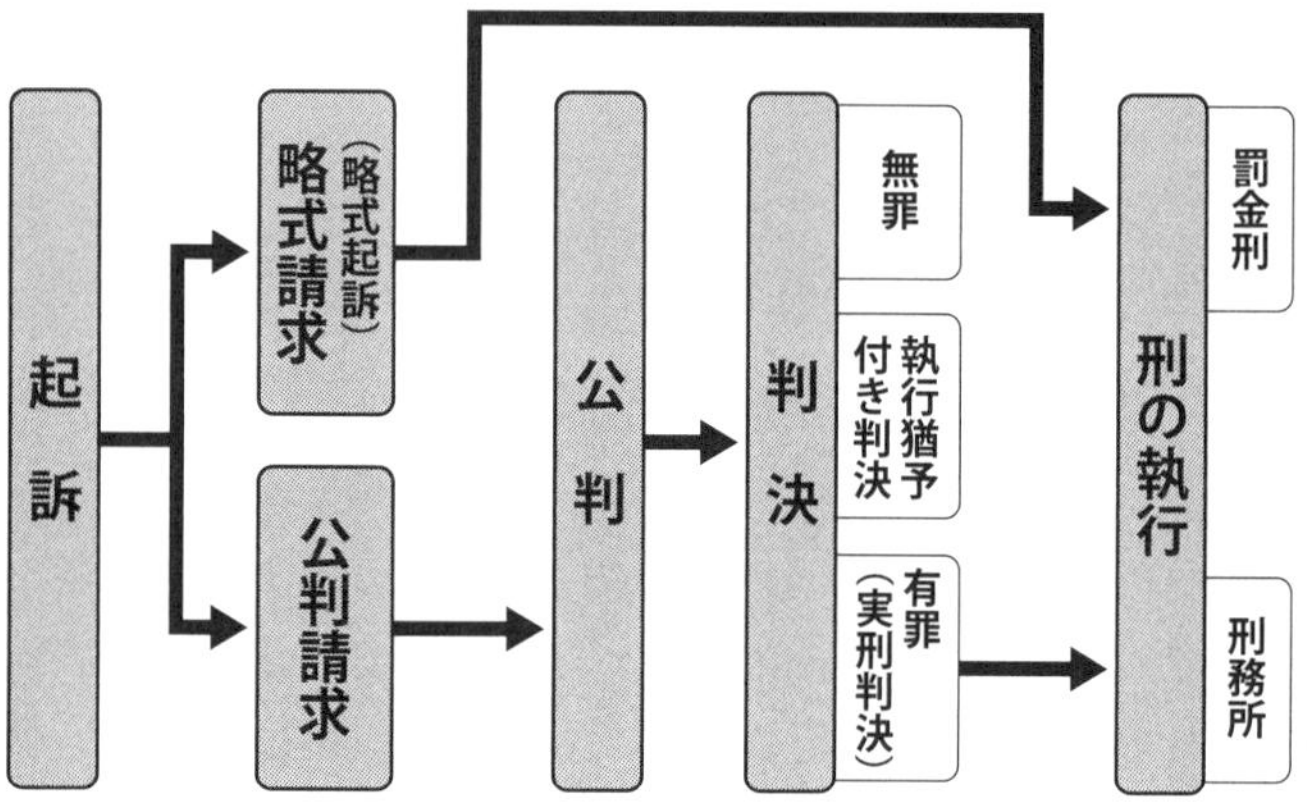

の根回しと書類手続きを終了しなければならないという。

土日をはさんでしまうので、その間検察庁は動かない。私に許されたのは事実上、２日程度の考慮時間だった。

予定時間よりもずっと早く、滝川弁護士が面会にきた。

「これから先、頑張って戦っても無駄ですか」

「いや、無駄とはいいません。ただ略式の罰金刑を先方から提案されたのだから、大きなメリットだと思いますよ」

「向こうはああいいますが、本当に起訴されますか。このままいくと」

「たぶん」

「起訴されたら勝ち目はありませんか」

「それは……なんともいえません」

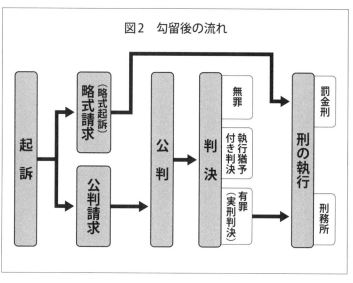

「夏木先生も、これに乗ったほうがいいという判断をしていますか」

「そうです」

私の疑心暗鬼がはじまった。ここにきてからのクセだ。

「自白を引き出して調書を取ってから、約束をひるがえして通常の起訴をされるという事態はありませんか。略式ではなく」

「いや、さすがにそれはないでしょう。それをやったら向こうも大変だ」

滝川弁護士はあくまで生真面目に回答する。どう大変なのかよくわからないが、そういうものなのか、と思った。

簡易裁判所が検察の請求書面に基づいて、１００万円以下の罰金または科料を科すのを略式裁判という。公判を開かないこの簡略な手続きを求める起訴が、いわゆる略式起訴だ。悪質なスピード違反など、赤キップを切られる交通違反の多くがこれだ。

一方、正式に起訴されたら公判（裁判）がはじまる。これから一審が終わるまでどのくらいかかるのだろう。上山さんは３ヵ月くらい、長くてもせいぜい半年といっていた。

しかし私にとって、半年は〝せいぜい〟とはいえない。それまで留置場、または拘置所に滞在しつづけるのはかなりつらい。

たとえ自分が我慢できたとしても、家族は？　家計は？　その後の仕事は？

一方で、確たる有利な証拠をつかむことができず公判を維持できないと判断したから、検察はこのような提案をしてきたのではないか、という思いも強くあった。ここまでやって何もありませんでした、不起訴にします、というわけにはいかないだろうし……。私の判断は千々《ちぢ》に乱れた。

専門家である滝川弁護士と話してから最終決定しようと思っていたが、明確な意見を聞いたらますます迷いの濃霧の中に入り込んでしまった。滝川弁護士には「そのようにします」と答えたが、はたしてこれが正解なのかどうか、私にはわからなかった。

人生の岐路《きろ》……そうあるものではないが、いまがそのときかもしれないと思った。

大原女史サイドにやはり売られたのか？

私は迷いに迷った。日頃はさほど悩むほうではない。

宮下刑事にも滝川弁護士にも、この提案を呑む方向で話していたが、自分の中で最終的な納得をしたわけではない。

よしんば、ひるがえって起訴されるほうを選び、一審に向かって突っ走ることに決めたとしても、「やめました」の一言で不義理をすればいいだけだ。警察にはその何百倍、何千倍もひどい目に遭《あ》わされている。なにも私だけが、バカみたいに律儀すぎる必要はない。

その夜の取調べで、宮下刑事はニコニコしながら待ち構えていた。

「どうでしたか」

「ええ、基本的には両弁護士のいうとおりに進めていきたいとは思っています」

宮下刑事は喜び勇んで、張り切った。

「ではこれから調書にしますので、ご協力ください」

「いや、ちょっと待ってください」

私は逡巡《しゅんじゅん》した。どちらにしても宮下刑事に対して、いきなりいままでと違った供述をする気はなかった。

「滝川弁護士より、明日検事調べがあると聞いています。そこで話すようにいわれています。私は終始一貫、弁護士と協力して、かつアドバイスをいただきながらすべてを進めてきましたので、ここにいたって弁護士の意見に従わないわけにはいきません」

「そうですか」

宮下刑事は少し残念そうだ。宮下刑事と私は、すでに本音をいい合えるような距離感になっていた。

「それに、宮下さんに初めに話すのもシャクにさわるし」

「それはないですよ」

宮下刑事は苦笑いした。ここにいたっては、気持ちとしては７割３割が、８割２割くらいまでにはなっていた。しかし房に帰ったら、たぶんまた悩むのだろう。

ふと思い出したように宮下刑事はいった。

「ところで、東京に戻ったら大原さんには連絡を取りますか」

「いや、いまは特に何も考えていませんが。なぜですか」

「なるべく連絡をしないようにしていただきたい。彼女もかわいそうな思いをしましたから」

へーえ、そうなんだ。どんなかわいそうな目に遭ったのだろうか。くわしく聞いてみたいものだ。

「電話とかする予定はありますか」大道刑事もしつこい。

「いや、べつにいまは本当に何も考えていません」

「そうですか」大道刑事は疑わしそうに、私を見おろした。


のちに事情通が私にこう説明した。

「たぶん大原女史は、連日の任意取調べがつづくなかで、その閣僚経験者に泣きついたのだろうな。連日の取調べは、普通の女性が耐えられるものじゃない。そして閣僚経験者から弁護士を紹介された。

弁護士はおそらく、渡辺さんを売るようにアドバイスしたのだろう。そして大原女史にこれ以上火の粉がかからないように、警察、検察と取引したのさ。場合によってはそこに、いまも渡辺さんのほうは自分の味方にちがいないと信じている人間がからんでいるかもしれない」

それが真実かどうかはわからない。私としては、もうどちらでもかまわない話だ。

しかしずっと後になって、この事情通の想像はかなり真実に近いものだったのではないかと思える事件があった。

１年以上たってからのことである。

あるクライアントの新事務所を訪ねていったら、なんと大原女史がそこの事務所にいた。永田町は狭い世界だ。まさにバッタリ。虚《きょ》を衝《つ》かれたように私は立ちすくんだ。とっさに言葉も出てこない。

「お約束ですか。こちらでお待ちください」

まるで初対面のように、私は来客用のソファに案内された。表情ひとつ変わらない。他人のそら似ではないかと疑ったほど、見事な無表情だった。

私は打ち合わせを終えると、彼女とそれ以上さしたる言葉を交わすことなく、その事務所を後にした。そしてすぐさまウグイス嬢親分の竹下に電話してみた。

「渡辺さんの顔を忘れるなんて、絶対にありえませんよ。ことがことですから。すっとぼけてるんですよ、きっと」

「そうかなあ」

そのすぐ直後、なんとこれも1年以上ぶりに、宮下刑事から電話がかかってきた。

「お元気ですか」

「どうしたんですか。なんでしょう、いきなり。いま、東京ですか」

「いや、大阪です。急に渡辺さんのことを思い出しましてね。お元気かなあと思いまして」

「こりゃまた、ご丁寧にどうも」

意味のない会話が数分つづいた。

なにか私に大原女史のことで、警告したいことでもあったのだろうか。

「認めれば罰金刑にするよ」という検察のやり方

のちのことになるが、東京に戻ってから、私のクライアントであるA国会議員が慰労《いろう》会を開いてくれた。私の話をひととおり聞いて、官僚出身のA議員は「典型的な検察のやり方ですね」といった。

かなり昔だが、同僚の官僚が逮捕されたという。収賄《しゅうわい》事件だ。

若手だったその官僚は、上司の命令に従って料亭に駆けつけた。着いたときは宴会の最終盤だった。上司から必要な指示だけ受けて、彼はその場でデザートとして出されていたイチゴを急いで食べ、再び職場に戻った。

それが後日、「官僚の接待」として大事件に発展した。若手官僚の彼も取調べを受けつづけ、検察官から責められた。

「**接待を受けたと認めなければ、深刻な事態になるよ。**省庁のあちらこちらに、あんたが迷惑をかけることになってしまう。**しかしあんたが認めれば、略式起訴の罰金刑にするから**」

結局、その若手官僚は泣く泣く接待の授受を認め、罰金刑を受け入れた。

じつはその宴会では、役人をみんな帰してから企業側が料亭に残り、彼らだけでどんちゃん騒ぎをしていた。社長、重役がそろった席だったので、芸者もあらためて何人か入れた。事件化した後、それらの金額が、収賄の金額にどんどん積み上げられていった。

接待金額が小さかったり人数が少ないと、検察サイドもなにかと体裁が悪いらしい。若手官僚はイチゴを1つ2つ食べただけなのに、何十万、何百万もの買収金額がつけられ、買収を受けたひとり、とされたそうだ。

日本では司法取引制度がはじまったばかりだ。そして**私が経験したこれらの実態は、まぎれもない司法における取引の一種だ**（本来の司法取引は捜査協力の見返りに自分の求刑を軽くしてもらうこと）。

司法取引にはメリットもデメリットもあるだろう。社会はどんどん変化しつづけている。これからの日本社会にはどんなルール下での司法取引がより適切なのか、これからも議論・判断していけばいいと思うが、どうしても腑《ふ》に落ちないことがある。

それは**普通の人間は、こういった取引に応じざるをえない**ということだ。経済的な理由が主だ。**勾留《こうりゅう》が長すぎるのだ。**

一審が終わるまで、場合によっては半年近くも拘束《こうそく》されて、生活や仕事などその後に影響が出ない人などいるのだろうか。くり返すが否認の場合、保釈はかなり難しい。

私のように審判を受けたいと考えつづける人間にとって、これは悪魔のささやきであり、家庭があれば事実上選択の余地が限りなく狭《せば》まってくるのだ。戦いに突入していく人はかなり少数派だろう。

人生を半ば捨てばちになっている人は、一か八かに賭けるかもしれない。しかし、少しでも今後を前向きに生きるしかないと思った場合、この一か八かの賭博《とばく》に身を突入させるのは不可能だろう。

弁護士費用は膨大《ぼうだい》になるし、生活はいずれ行き詰まるし、仕事もなくなるだろう……。仮に保釈されたとしても裁判のたびに大阪に弁護士とともに行かなければいけないのだろうか。交通費に宿泊費……、いやいや、それは仕方がないとしても、やっていけるのか。

これは兵糧《ひょうろう》攻めだ。しかも裁判に勝てる保証はどこにもない。

生活苦は非常に悲しい。私にもし余剰金があれば、「起訴なにするものぞ！」と堂々といってのけるかもしれない。しかしそれにしてもなあ……。夜の時間は悶々《もんもん》と過ぎていった。

本も読まず、黙《だま》り込んで考えている様子の私を見て、しずしずと上山さんが私にいった。

「あのう、自分の意見をいっていいでしょうか」

「ええ、お願いします」

強気な上山さんのいうことはわかっているが、いちおう聞いてみよう。

「渡辺さんは外に出るべきです。略式の罰金刑を呑んで、ここから一日も早く出るべきだと私は思います」

エッ？　とビックリした。ブレてはいけない、どんなに心を揺さぶられても自分の考えどおりにすべきと、私に口を酸《す》っぱくしていっていた上山さんである。彼がそういうとは思わなかった。

私は驚いて、彼の顔をじっと見た。

「信念を曲げるなといいつづけてたじゃないですか」

「ええ、しかし……」

「………」

「どちらを選んでも、たぶん後悔《こうかい》はすると思います。でもどこかで折り合いをつけなければならないんです。折り合いが必要なのは、シャバに出てからも同じでしょう。外に出られる条件が目の前にあるのだから、渡辺さんは一日も早く出て仕事に復帰すべきだと私は思います」

しんみりと話す上山さん。上山さんのいうことが正しいのかどうか、いまの私には明確な判断はできない。しかしまったく他人の私のことであるにもかかわらず、上山さんが心から真剣にそう考えているのがよくわかった。

「ところで上山さん」

「はい」

「ここを出たら本を差し入れますが、どんなものがいいですか」

久しぶりに上山さんが口を開けて大きく笑った。

検事とつくる「自白と反省」の茶番劇

さっそく翌朝、大阪地検からの呼び出しがきた。滝川弁護士のいっていたとおりだ。すぐに松木主任検事が坂井検事に連絡を入れたのにちがいない。

坂井検事に「おはようございます」と礼儀正しく挨拶をし、手錠をはずされながら椅子に座る。

そういえば縄のしばり方は東京式と大阪式が違っているということで、東京で逮捕されたときは大道刑事が戸惑っていたなあ、と思い出す。

「それではひきつづき、取調べをおこないます。では今日はまず、大原さんとの当日のやりとりについてから……」

ケッ、しらじらしい。しかしこれも滝川弁護士のいっていたとおりだ。

宮下刑事からも、同様のアドバイスを受けていた。

「ちゃんと渡辺さんのほうから、反省している趣旨を説明してくださいね。略式を呑むのだからさっさと進めろよ、と検事の前でいって、バーンと撥《は》ねつけられた人を私は何人も知っていますから。そのあたりはきちんとやってくださいね」

宮下刑事はイヤなヤツを職務上演じつづけていたが、実際は親切な人だ。こう展開してからは、私を本気で心配している。私とのいままでのやりとりの中で、私の性格やものいいなどを理解・

把握《はあく》して、坂井検事とこじれることを想像してしまったのだろう。

しかし大丈夫だ。はっきりいうが、そういうのは大得意である。小さい頃から無駄に叱《しか》られ慣れているわけではない。

「ちょっと待ってください。お話があります」

坂井検事は小首をかしげた。

「はっ、何でしょうか」

ケケッ、しらじらしいにもほどがあるってもんだ。

「えーっと、いま思えば、やはり６万円を支払ったときに、ビラ撒きの運動をしてもらいたいという気持ちも何割かあったのは否定できないと思います」

「そうですか。わかりました」

おいおい、少しは疑問を持つふりでもしろよ、という目でモエモエを見ていると、ふと思い出したように、

「でも渡辺さん、いままで否認していたのに、どうして急にそのようなお話をする気持ちになったのですか」

と、取ってつけたようにいった。

「それはですね……」私は少し考えてからいった。

「私の力が足りないからあなたが話せないのだ、申し訳なく思う、といった坂井検事の美しいお

言葉に心を打たれたからです」

坂井検事は「いやそれは……」と絶句してから気を取り直し、急にほかに話題を転じた。

それから淡々と取調べ調書を作成していく。坂井検事が口頭でいったことを、そのまま事務官が打ち込んでいった。

いままでの取調べは録画だったが、最終的にはやはり調書が必要らしい。

「お金を選挙の期間内に現金で支払うのは、まずいとは思わなかったのですか」

「いえ、領収書を作成しますので」

「領収書があればいいというものではありませんが」

「日付を期間の外側にすればいいと思いました」

「どうして？」

「選挙の現場でよく見聞きしていましたから」

「なるほど」

モエモエはゆっくりと一言一言区切りながら、事務官に向かって口述していった。

「私は自分で……いままで領収書の日付を変えて……作成するのが常習化していたので……」

「ちょ、ちょっと待ってください」

「はい？」

「そんなことはいってないでしょう。見聞きしていた、といったじゃないですか」

「そうでしたっけ」

油断も隙《すき》もあったものじゃない。こいつは敵であることを一瞬でも忘れてはいけない。事務官も含み笑いをしているようだ。

「ちょっと早いけど、今日はこれまでにしましょう。渡辺さんの弁護士が面会にきて、待っているようですから」

「はあ」

「刑事の取調べにも応じてくださいね」

「わかりました」

今日の取調べの目的は、私の意思の確認だけだったらしい。

モエモエはもう一度、

「それにしてもねえ、あれほど強硬に否認してたのに、今日になって是認とは、どうしてなのかしらねえ」

といった。理由がまったくわからないというふりをして、いったい何の得があるのだろうか。

それにしてもしつこい女だ。男と付き合っていくうちにイヤになられて、振られるタイプにちがいない。おそらく自分がなぜ振られたのか理解できず追いすがるか、あるいは格好つけて自分から嫌いになったふりをするのだろう。

「大阪地検にものすごい美人検事がいるのですが、否認していた容疑者にどうして是認に転じたのか理由を聞いたら『検事さんのあまりの美しさに、これは正直にいわなければならない』といわれたそうです」

ひょっとして、それって自分のことか？

私は急に疲れてきてしまった。そんなことは私にはとてもいえない。もし強要されたら、強要罪で即座に訴えてやろう。しかしそれでもなお、蛮勇《ばんゆう》を振るった。

「私はちょっとそのケースとは違います。私は坂井検事の容姿だけではなく、まさに美しい御心《みこころ》に打たれたといえましょう。坂井検事のお言葉は、私の心に深く突き刺さりました」

モエモエは微妙な薄笑いを浮かべながら、私の顔を下からジッと見た。

「渡辺さん、うさんくさいですよ、とっても」

切れ者モエモエの〝お願い〟

地検を出て福島警察署に戻ると、滝川弁護士が待っていた。用件は今後の確認だった。

予定どおり23日目にここを出る手はずになるらしい。**最終日は裁判所に行き、それから検察に戻って罰金を支払ってから外に出る。**たぶん夕方になるだろう、ということだ。罰金の金額はまだわからない。

寺本さんも略式起訴で罰金刑になっていた。すでに30万円を支払い外に出ていた。

まだ私が出るには5日間あるが「欲しいものがあったなら差し入れしますよ」と、滝川弁護士から寺本さんの伝言を受けた。気持ちは大変ありがたいが、ここにいたっては特別に欲しいものはない。

その夜にまた「68番、調べー」の声がかかった。宮下刑事の取調べだ。

「どうでしたか」

「まあ、手はずどおりでした」

「そうですか。じゃあ確認も含めて、取調べをつづけます」

それから型どおり、検事調べとほとんど同じような内容の取調べがつづけられた。

私にとって、どうでもいいようなことも確認された。

「渡辺さんはコンビニに寄ったかどうか覚えてないといってましたが、行った記憶はまったくありませんか」

「車は西側に停まっていたということでしたが、玄関側だった可能性はありませんか」

私は辟易《へきえき》してしまった。

「そんなのはどうでもいいじゃないですか、いまさら」

宮下刑事はそれでも納得しない。

「いや、多くの人たちのいうことがことごとく違っているものですから。あまりにもバラバラなので、ある程度まとめなければなりません」

やはり人の記憶など、いい加減なもののようだ。

できあがった調書を確認させられた。私はさっと読んだだけでサインをした。

「ちゃんと読んでくださいよ。いままでとえらい違いじゃないですか」

私はいままで調書の確認には、最低でも1枚に5分はかけていた。入念に読み込み、場合によっては書き直しを依頼したりしていたからだ。5枚の調書で30分、書き直し箇所が多ければ、それ以上の時間がかかってしまった。いまでは全部で10秒もあれば十分だ。

「ところで東京で逮捕されたときに、私に『ありがとうございました』といったのは、どうしてですか」

宮下刑事は私に質問した。どうやら気になっていたようだ。

「まあ、いろいろな意味がありました。広義の意味でお世話になったのは間違いないですしね」

「そうですか」宮下刑事はイマイチ納得していないようだったが、それ以上この件は突っ込んでこなかった。

「渡辺さんは難しい言葉を使いますよね」大道刑事はいった。

「そうかな」

「『広義の意味で』とか。『総合的に判断して』とか。『フィニッシュ作業』だとか。わからなくて困ったのは、『はかばかしくなかった』でした」

「そうですか。われわれの業界では、よく使うのですけどね」

宮下刑事はまた別の点を聞いてきた。

「話さなかったのは、コンサルタントとしてのプライドだったのですか」

「いえ、それはありません」

「そうなんですか」

「しつこくそう怒鳴られましたが、腹の中で笑っていました」

「ほう」

そんなふうにいわれても直情的に怒ることなく、貪欲《どんよく》に聞いている。勉強熱心な刑事の執念《しゅうねん》みたいなものを感じた。

私にはプライドだとか、宗旨《しゅうし》のようなものはまったくなかったのは事実である。そもそもそんな高等なものは、初めから持ち合わせていない。ただ夏木弁護士を信じながら、自分の主張を展開していただけだった。


翌日つづけて、検事調べがあった。今回も係官は私のために、携行弁当とお茶を入れた水筒を持参してくれた。

松木検事がまた出てきた。これからの手順などを話してくれた。

「前回もいいましたが、あなたの人生はまだまだこれからです。頑張ってください」

と訓辞のようにいわれた。

なぜか前回のような感動はなかった。私は宮下刑事と違って、学習意欲も学習能力も薄めのようだ。

坂井検事の部屋に行き、〝フィニッシュ作業〟をおこなった。

お世話になったといえば、この人にもやはり大変お世話になった。坂井検事のほうはただの業務の一環だっただろうが、私には忘れられない人になりそうだ。また会えたらうれしいが、再び容疑者になるのはまっぴらだ。やはり二度と会いたくない。

最後にモエモエはいった。

「ところで渡辺さん、今回の件ですが……」

「はい」

モエモエからも松木検事のように、何か訓辞的なお言葉をいただけるのだろうか。ぜひとも今後の人生の糧《かて》としたいものだ。

「今回のことは、暴露本にするつもりはありますか」

「……？」

「いえ、本に書く気はあるのかなあと思って」

「それはぜひとも書いてもらいたいという希望ですか」

「違います、全然違います」

「特に書くつもりはありませんでしたが、もし書く気になったら、坂井検事のことを主体として書いてみようかと、たったいま考えました」

「やめてください」

「結構面白いものになる可能性はありますね。書き方しだいですけど」

「お願いですから、やめてください」

「お世話になりました。ではさようなら」

「渡辺さん、やめてくださいね」

「さようなら」

私の背中に、「やめてぇ」というモエモエの絶叫がこだまするような気がした。

われわれの業界では、秘密裡《り》に「人にいうな」と何度もくり返していわれると「いってくれ」という依頼ととらえる。その場合、「ここだけの話だが……」という前振りつきで、なるべく多くの人たちにいって歩かねばならない。

そして「やめてくれ」と不自然なムードで必要以上に強調された場合は「やってくれ」という暗黙のお願いだ。機転がきいて行間を読むことに長《た》けた私が、切れ者モエモエの遠回しな希望を理解できぬわけがない。

お世話になった人の強い願望は無視できるものではない。

ただ待つだけの3日間

急に暇になった。

警察と検察の事務作業のほうはどうか知らないが、私は暇を持てあましていた。

水曜日にここを出るまで、明日から丸々3日間もある。取調べはすべて終えていたし、本を読む以外に何もない。いまになってようやく、留置場が暇なところであることを知った。

私は上山さんと一緒になって、上山さん所有の歴史漫画を読んでいた。全10巻である。本を貸与し合うのは違反であるが、係官はあまり細かい注意はしない。ほかにも、たとえば歯磨き粉を使って自房内の洗面所を磨いてピカピカにしたりするが、やっている上山さんが「本来はこれも違反なのですよ」という。物資の〝目的外使用〟に当たるらしい。

昨夜は房に帰ったら、上山さんがニコニコして私を迎えてくれた。

「よかったですねえ。最終盤の昼食に渡辺さんの大好きなアジフライが出て」

「……？」

「最後の検事調べは気持ちがよかったでしょう。アジフライも食べられたし」

「昼はアジフライだったのですか？」

「携行弁当は違ったのですか？」

「いや、なんだか変な煮魚と野菜でした」

「…………」

「…………」

2人の間に気まずい空気が流れた。それから最後の食事まで、アジフライは一度も出なかった。

私のいまの最大のテーマは、ここを出る水曜日に風呂に入れるかどうかだった。１週間に２度の風呂だが、次回が３日目は大丈夫だが４日目となるとかなりつらい。この１日の差は非常に大きいのだ。今週の水曜は、その４日目だった。

上山さんによると、その日に出ていく人の風呂は基本的にはないそうだ。それはひどいなと思いながらも、どうにも気になって仕方がない。それほど風呂は重要事だった。

私は係官に聞いてみた。「水曜日は私、風呂に入れますかね」

「いや、たぶん入れないぞ」やはりダメなのか。

「入れませんかぁ」ガッカリする私。

「べつにいいじゃないか。そのままサウナにでも行けば。通天閣《つうてんかく》の近くにいいのがあるよ。教えようか」

「そのサウナに宿泊施設はありますか。その日は遅くなりそうなので」

「どうだったかなあ」などといった、のんきなやりとりをしていた。

隣の房はかなり広く、われわれのほうの２倍くらいある。隣室は出入りが激しく、多いときは３人、少ないときには１人なんてこともあった。１人ならかなりの優遇《ゆうぐう》だ。

いまはその広い部屋に１人しかいない。私は声をひそめた。

「隣はいいですよね。あの広い部屋に1人ですよ」

おそらく12畳くらいあるのではないか。

「めぐり合わせで、ああいうときもありますね」と上山さん。

「房の交代とか引っ越しとかはないものなのですか」

「同房者と相性がどうしても合わないなどという場合、いざこざを防ぐためにも房の引っ越しはたまにあります」

「隣とわれわれがチェンジというのはありえませんか」

最後の日々を上山さんとゆったりとした部屋で優雅に過ごしたいとチラッと思ったが、上山さんはそっけない。

「それはないでしょう。だいいち、どうせまたすぐ入居してきますよ。移るのは面倒だし」

「しかしこの狭い6畳に2人、ずっとつづけていたのですし」

「何をいってるんですか。まだここは恵まれているほうですよ。このスペースで3人部屋というのはザラにあります」

へーえ、それはシビアだ。

夕食は2人とも自弁を取った。私は2度目のラーメンだ。

「あれっ、味噌ラーメンにしなかったのですか。あれほど勧めたのに」

「この普通のラーメンがいいのです」

「うまくないでしょう」

「特別にはうまくないですけど」

味噌ラーメンは、いまの私にはたぶん味が濃すぎると思った。とても食べられないだろう。上山さんの味噌ラーメンを見ると、案の定。真っ茶色のスープはおいしそうだが、きっと胃が受けつけないだろう。

ちょっとした最後の晩餐《ばんさん》のような気分になってきた。

上山さんは私に味噌ラーメンをどうしても食べさせたかったようだ。

「おごってさしあげたいのは、やまやまなのですが」

「いやいや、お気持ちだけで十分です」

「少し食べますか。こちらも」

「いや、本当に結構」

なんだかしんみりするような夕食だった。

夜、係官から声がかかった。房から出て、別室に呼ばれた。ここにきて初めに、係官から生活の注意点などを教えてもらった事務室だ。これから預かっていた荷物類を、またひとつひとつ確認していくという。

「えーと、ポイントカードが２枚……」

荷物の点数は膨大《ぼうだい》だ。財布の中身だけで、軽く20点もある。

「捨ててほしいものもありますが、これ全部点検して書き込みします？」

「全部やらなければならないのよ」

「こんなに細かく書いていくのですか。一個一個」

「なあ」

同意を求める係官。なあ、ではない。

「なんだか、すごく不必要な事務作業に思えるのですけど」

「上にそういってよ。たぶんずっと昔の上司がつくったのだろうなあ、このシステム」

「わかってたら、こんなに持ってくるんじゃなかったなあ」

「ホントだよ」

「すみません」

ベンチの下に体重計があった。

「ちょっと乗ってみていいですか」

「ああ、いいよ」

私は体重計に乗った。

「もっと減ってるかと思ったけど、7キロ減でした」

「いいセンだろ。7キロなら」

体はもっとしぼれているような感覚だった。どうせ出たらまた元に戻るのだろう。しかしたいそう自分が健康になったような気分だった。今日は頭痛もない。

点検が終わって、荷物をひとまとめにした。簡単に持って出られるように、部屋のすみに置いた。捨ててもらいたいものも、いちおう持って出なければならないようだ。

安っぽいビニール傘がとてもマヌケに見えた。

「有罪・罰金30万円」で釈放

８月17日、いよいよ外に出る日になった。

洗面、朝食、運動はいつもどおり進んだ。風呂の時間になった。次々と15分ごとに、２人ずつ番号が読み上げられて浴室に向かっていった。

「はーい、68番」

やった、風呂に入れる！　私は喜び勇んで、上山さんと２人で浴室に入った。

「よかったですね。違う担当さんだったら、入れなかったかもしれないですよ。あの人はやさしいから」

「へーえ。よかった」

いつもより入念に体を洗う。それでも決められた15分は余ってしまった。上山さんはまだ体を入念に磨いている。今日風呂に入れてつくづくよかったと、心の中で係官に感謝した。

ほどなく地検に出かける時間になった。

いよいよ上山さんとお別れだ。特別な言葉は交わさなかった。上山さんにはまだまだこれから、試練の日々がつづいていく。私はひとり浮かれる気分にはなれなかった。実際、想像していたような強烈な喜びは、まったく感じなかった。

「健康に気をつけて」

「渡辺さんも」

われわれは目だけで、深い深い挨拶を交わした。


今日の護送は「個別」ではなく「集中」だ。係官とともに留置場を出た。検察庁の房の中で、長い待ち時間を耐えなければならない。

これまでと同じ手順をくり返しながら、検察庁内の留置場に入っていった。私の入る房は、今回は畳ではなく椅子だった。

6畳ほどのスペースに、小さな椅子が8脚ほど設置されていた。中にはすでに2人が入れられていた。私は2人に黙礼をして中に入った。

見ると1人は、最初の検事調べのとき、一緒の待合所にいた小太りの豆タンクだった。たぶん恐喝《きょうかつ》をやったのだろうと私が想像した彼だ。相変わらず周辺に対して凄《すご》みを利かせるように睨《ね》め回している。かわいらしいが、なんだかとても痛々しい。

私は妙に懐かしい気持ちになったが、向こうは覚えていないのか、なんとも思っていないようだった。そうか、彼も今日出るのか。よかったなあ。私は勝手に同志のような気持ちになった。

私より先に豆タンクが呼ばれた。

「○○警察、○○番。ダイコオゥ」

えっ、大拘《だいこう》（大阪拘置所）？　彼は今日これから、外に出るのではない。大阪拘置所に移送されるのだった。

兄ちゃんは係官に指示され奥の棚のところに行き、自分の荷物をまとめはじめた。背中を丸めて、一所懸命に整理をしている。

突っ張っていても、彼はまだ若い。たぶん20代半ばくらいか。これからの自分の行く先が不安でないわけはなかろう。丸まった背中がとても小さく見えた。

私はまもなく番号を呼ばれた。検察庁での手続きは思っていたほどは時間がかからず、次に裁判所に連れていかれた。裁判所に入ってから、大きめの房に入れられた。

この手の施設はどこも似たようなものだ。ここも畳ではなく椅子だった。

壁に注意書きが書かれてあった。求刑懲役《ちょうえき》３年を超えるような重罪容疑者に対しては弁護人が必要である。お金がなくて私選弁護人を頼めない場合は、国選弁護人に依頼することができる。

ただし資財が50万円以上ある者は、国選弁護人を頼めない、ということが書かれてあった。

読みながら、これも少しおかしいなと思った。私選弁護人に依頼する場合、１万円や２万円ですむわけがない。少なくとも数十万円、長期におよぶ場合はそれを超えることだって少なくないだろう。50万円ちょっとしか全財産がない人にとって、ひどく不条理な決まりである。資金が尽きたら、そこで国選に変更するのだろうか。

どう考えても50万円の資産という線引きは、いまの社会に適合していないように思う。

私が裁判官の前に出る順番になった。

デスクが1つ置かれてある小部屋にひとり、裁判官がいた。

「罰金30万円を納付してください。不服の場合は、その申請をしてください」

なんてことはない。簡単なものだ。まるっきり交通違反と同じである。いわれるままサインをして、ものの5分で終わった。

小部屋を出ると検察庁の職員が2人、私を待ち構えていた。若い男女の2人組だ。

「弁護士事務所の方が罰金を用意して、納付場所でお待ちいただいています。そこまでお連れいたしますので、一緒にきていただきます」

私は荷物を持って、彼らとともに建物を出た。

ここで最後まで一緒にいた福島警察署の係官と別れた。彼は、大阪にきて最初に私に「若い係官から乱暴な言葉でいわれても我慢するように」と注意、説明してくれた人だった。温厚でつねに勾留者の立場を考える人だと、上山さんもいっていた。

私は言葉を発せずに、黙礼した。係官が小さく、二度うなずくのがわかった。

私は車に乗せられた。職員のうち、男が運転して、女が助手席に座った。私はひとり、後部座席に座った。車両に乗せられ、左右に人がいないのも、手錠をしていないのも、じつに久しぶりだった。

2人の職員はくだらない話をはじめた。

「それでね、全身が刺青《いれずみ》で、手首まで見えるんだよ」

「刺青とタトゥーはどう違うのかしら」

「和彫りが刺青で、洋風がタトゥーなのじゃないか」

「ふーん」

こちらにくる際の東京駅での職員2人もそうだったが、どうして若い男女2人組の職員というのは、場にそぐわないような、ロクでもないことばかりしゃべっているのだろうか。バカに見えて仕方がない。

罰金を支払う窓口のところに、宮下刑事がきていた。

「どうしたのですか」

「いや、渡辺さんに会いたくて。気になったし」

お世辞にしても、そういってくれるのはうれしかった。しかしバタバタと追い立てられ、宮下刑事とはロクに話もできずお別れとなり、私はあれよあれよという感じで自動的に玄関に出ていた。

玄関口には寺本さんが出迎えにきていた。

「お疲れさまでした」

「いや、お互いに」

外には車で、中田さんと団体の理事長が待っていてくれた。

長い旅から帰ってきたような気分だった。

事件の爪痕《つめあと》、取り戻した自由

翌日、私は東京に戻った。

各所に挨拶回りをして歩いたが、やはり捜査の範囲は相当広く、仕事関係先はもちろん、友人、知人、あるいは私がほとんど付き合いのないような人のところまで警察が行っていた。

たとえば、私が住むマンションの管理人のところにも刑事らが訪ねてきて、私が誰と一緒に帰ってきたか知りたいので、防犯カメラの記録を提出してくれと頼まれたらしい。ちなみに私はここに住んで20年近く、仕事関係の人と一緒に玄関に入ったことはない。友人もめったにこない。マンション内での付き合いも、ほとんどない。おそらくマンションの住人にも、私のことを聞いて回ったのだろう。

その後、必要があって、近所の信用金庫に新しく口座を作りにいった。すると副支店長という人が出てきて、別室に案内された。

なんと「本店から指示がありまして、渡辺様の通帳はお作りできません。取引はできません」というではないか。

「なぜですか」

「いや、それは私にはわかりません」

ピンとくるものがあった。すぐに夏木弁護士に電話をかけた。

「近くの信金が取引できないといっているのですが、刑事が聞き込みしたのでしょうか。裏金でも動いていないかと勘ぐって」

「ありえますね。私が宮下刑事に問い合わせてみましょう」

それからほどなく夏木弁護士からコールバックがあった。

「聞き込みした場所は捜査上の秘密なのでいえないが、くわしくは聞き込んでいない。また銀行には取引をしろとかするなとか、命じる権限は警察にはないといっています。銀行からの照会があれば応じます、といっています。渡辺さんの推測どおりという可能性が大きいですね」

「そうですか。わかりました」何のための捜査上の秘密だ？

すでに新しく口座を作る気持ちは失せていた。絶対に必要というわけでもない。

しかし実際このような場合、照会してもらって、だからどうだというのだろう。何の脈絡《みゃくらく》もなくいきなり、

「あのう、すいません。警察からも連絡があったと思うのですが、私は公選法違反で大阪府警に

捕まり罰金刑を食らった者ですけど、先日そちらに刑事が捜査にいったと思うのですが、刑事さんに電話して私が悪人かどうか確認してください。口座を開けるかどうか、警察と話してほしいのです」なんていうのかな。

さぞかし信金側は、度肝《どぎも》を抜かれるだろう。それも一興かもしれないが、まあ暇になるときまでとっておこう。

このように知らないところで不利益をこうむっているということは、現実的にかなりあるのだろう。知らぬが仏、自分が必要と思えるところの挨拶回り以外は、私は無視を決め込むこととした。知らないのだからどうしようもない。

先ほどのマンションの管理人はもともと愛想のいい人だったが、この事件以降、私に挨拶はおろか、目も合わせなくなった。私とエレベーターに2人きりになっても、必死に無視を決め込んでいる。刑事とどんなやりとりがあったのか、簡単に想像できてしまう。

今回の一連の騒動に関して、大変な修羅場《しゅらば》だったねえ、という人がいたが、こんなのは修羅場とはいわない。

本当の修羅場とは、支援者が集まっているのにまだ会場にビラが届かないとか、印刷にかける前日に大変な誤植が見つかったとか、個人演説会の会場を担当者が押さえ忘れていたとか、事前審査のために選管（選挙管理委員会）に持っていったポスターが規定より1ミリ大きかったとか、壇上の弁士がヘロヘロになっているのに前の会場から次の弁士がまだ到着しないとか、公示直前に代議士と美人秘書の痴話喧嘩《ちわげんか》がマスコミにバレた、などのことをいう。並みの心臓ではとても持たない。

私が帰還の連絡をすると、同業の友人、沢田カズオはたいそう喜んでくれた。

「よかった、よかった。無事でなにより。よかった」

すぐにその夜、一緒に酒を飲むことになった。

すると以心伝心、ナイスタイミングで、やはり朋友《ポンゆう》である三島教授から「渡辺さんはもうそろそろ帰ってくるのではないか」という電話が沢田に入った。当然のように、三島教授と３人で集合した。

三島教授は法律学者だ。マスメディア論や統計学などに強く、選挙の専門家でもある。

三島教授の笑顔が久しぶりの清涼剤のようだ。

「先生、ご心配をかけましてすみません」

「お疲れさまでした。大変でしたね。渡辺さんのことなので、心配はしてませんでしたが」

いつもより酒をグビグビ飲みながら、沢田は機嫌がいい。

「先生、渡辺さんは独居房じゃなかったんだって。メシもそう悪くはなかったらしいし、こりゃあ懲《こ》りないかな」

大阪に行く前、沢田のことをいい人だと思ってしまった自分を反省する。

私の房の中での話は、沢田と三島教授には珍しかったらしい。

「なるほど、そうですか。それでその美人検事の名前は何でしたっけ」

〝坂井モエコ〟と几帳面《きちょうめん》にメモする三島教授。

「先生、名前をどうするんですか」

「私の息子がいま、たまたま大阪地検で研修をしてまして。ちょっと聞いてみましょう。そして機会を見つけて、会食をするのもいいじゃないですか」

息子さんは司法試験に合格して、司法修習生として大阪地検にいるらしい。それにしても会食なんて、とてもとても。さすが三島教授の思考回路は異次元だ。


10日ほどしてからようやく大阪府警から連絡がきて、100点におよぶ押収物を取りにいった。送ってもらうよう夏木弁護士に交渉してもらったのだが、結果的にやはり取りにこいということになった。

私は自分の車を運転して、大阪に向かった。長時間ドライブの眠気覚ましに、助手席にじいさんを伴った。

宮下刑事が警察署で待っていた。

「ご苦労さまです」

「どうも」

あらためて特別な言葉のやりとりはなかったが、お互いに「大変だったよねえ」というような暗黙の了解があった。２人とも言葉は少なく、妙に事務的だった。

１００点の点検をひとつひとつやりながら、宮下刑事の用意してくれていた袋に物を詰めていった。

「あれっ、〇〇がないなあ」

「いや、それはさわってませんけど」

「まあ、いいかな。なくてもなんとかなるし」

「あるかどうか、よく見てくださいね」

「よく見ると、やっぱりないなあ」

「いじってませんよ」

「じゃあ、いいや」

「よく見てください」

どっちなんだよ、といいたくなるやりとりをしながら、小一時間ほどで宮下刑事ともお別れした。

帰りの高速道路は込んでいた。浜名湖近くの安温泉宿に泊まった。

夕食はクソまずいバイキングだった。留置場の中のように、つましい食材が心に輝く喜びはすでに失われていた。それにしても留置場の風呂はよかったなあと懐かしさがこみ上げてきた。

家族、仕事仲間たち、クライアント関係、事務所の人々など、多くの人たちにさまざまな迷惑、心配をかけた。

いくらきれいですばらしい風呂があっても、もう二度と勾留されたくない。

いまここにあるわが身の自由、一分一秒を、力いっぱい楽しんで謳歌《おうか》しようとつくづく思う。

不測の事故、突然の病気、思いもしなかったトラブル、災害、国家情勢の変化、疫病《えきびょう》……私たちの日常の自由はけっして不変ではなく、日頃考えているよりはずっと貴重で大切なうつろいなのかもしれない。

歩く。深呼吸をする。伸びをする。

自分はいま、毎日さまざまな自由に囲まれている。

「トイレに行かせてほしい」「飲み物がほしい」「頭が痛い。休憩したい」、はては「弁護士がくるので、取調べはその後にしてもらいたい」。これらの要求に関して、私はいっさい遠慮しなかった。刑事もきちんと理解してくれた。常識の範囲なら、正々堂々と要求すべきなのだ。権利を遠慮しているようでは、これはもう奴隷の世界だ。

こうしたところで我慢していると、どんどん自分の尊厳が侵され、精神的な部分で主従関係のような構図ができてくる。身体的にもキツくなっていく。いわなくてよいこと、自分の意に沿わないこと、やってもいないことなどをいってしまいかねない下地が徐々に形成されていく。そんな状況下で、くり返しくり返しの質問をされればイチコロで、洗脳まっしぐらの世界だ。自分の立場とペースを守るに尽きる。

■10　刑事と仲良くなっても得はない、検事に嫌われても得はない

勾留期間中はほとんど刑事としか付き合っていないため、どうしても刑事に情が移ってしまう。一所懸命な姿も見せられる。しかしこれは怖い。少しでもこの人にサービスしてあげたいと思ってしまったら、身の破滅は近い。そんなバカなと思うかもしれないが、魔の時間、魔の真空地点、エアポケットというのはけっして珍しくはないという話だ。

一方、検事はより論理的だ。検事調べの場でふて腐れていてもあまり意味はないだろう。まして検事は、刑を決める立場だ（正確には求刑）。さらに起訴、不起訴を決めるのも検事なのだ。

その際、心証も大変重要だ。心証というのは、つちかってきた経験則にもとづいて総合的に決めるらしい。必要以上に媚びる必要はないが、心証のためにも検事に嫌われる行動をあえてする意味はない。

をおこなった。また継続している仕事とその他の仕事の展開を想定し、任せられる人に任せることにしてきちんと説明しておいた。

「○○で困ったときには、誰と話せばいいのか」をきちんとしておくことだ。これらはやはり、弁護士頼りが中心となる。弁護士と家族を会わせておければベターだ。

■8　揺さぶりには鈍感力

取調室ではずっと、刑事となんらかのコミュニケーションをとりつづけなければならない。黙秘のときだって無言のコミュニケーションだ。勾留が長期にわたると、必ず膠着状態になるときがある。しかもそれは何度もある。

膠着状態を打破しようと、刑事はさまざまな仕掛けをしてくる。新たな証拠が出てきたことをいったり、他の人は認める趣旨の話をしはじめたといったり、怒鳴りつづけたり、こちらの立場を尊重して思いやりを見せたり……。

重要なのは、それらにいちいち応対せず、自分を変えないことだ。右往左往してはいけない。要は**聞かれたことに対して簡潔に答えつづけるだけだ。不変の回答、不変のクールなスタイルを貫くことが望ましい。**

ちなみに**「他の人はすべて吐いている。お前だけが黙っているが、１人だけ罪が重くなるぞ」と脅すのは刑事の常套手段**らしい。もちろん刑事の発言は、すべてが本当というわけではない。量刑を決めるのも刑事ではない。

また刑事の態度の急変は、刑事の個人的なキャラクターとはほとんど関係がない。要するに〝お仕事〟なのである。脅したりすかしたり、向こうも大変なのだ。**刑事の態度や口調が乱暴になってきたら「いらだっているのは、思うようになっていないのだな」**と考える。鈍感力で自分のペースを守ろう。

■9　自分の都合や休憩は積極的に主張する

ずいぶんと冷遇はされるが、いちおう日本では人権は守られることになっている。こちらは被疑者、容疑者であって、刑が決まるまでは犯罪者ではない。自分の処遇については刑事にきちんと要求したほうがいい。

さらに重要なのは、これらがゴチャゴチャに記述されていないか、調書をしっかりと確認することだ。**調書はしつこいくらいに熟読し、必要なら訂正を求め、少しの妥協もしないこと。安易にサインをしては絶対にいけない。**

■6　主張は変えない、ブレない

取調べで自分がいったんいったことは、絶対に忘れてはいけない。調書じゃないから、まあこんなところでいいや、と妥協してはいけない。取調べ内容はすべて記録されており、刑事はそれを精査して「昨日○○について、こういいましたよね」と突破口を開いてくるのだ。

とはいえ、こちらは生身の人間なのだから、いい間違い、記憶違いは当然あるだろう。疲労が蓄積してくればなおさらだ。**刑事はこちらが肉体的にも精神的にも疲労しきるのを待っている。**私の場合、ほとんどの回答は「〜だったと思う。そう記憶している」だった。**すべてを明確に答える義務もなければ必要もない。**実際、人間の記憶は曖昧なものだ。

また、主張すべきことははっきりと主張すべきだ。遠慮なんかしてはいけない。たとえば「そういう微細な部分は、記憶違いはあるかもしれない。しかし肝要なところはいささかも変わっていないし、変えるつもりもない」と正々堂々ときっぱりといわなければならない。

「刑事に自分を理解してもらおう、そのためにはある程度の迎合も必要だろう」などと考えるのは、大きな間違いである。当たり前だが、密室の孤独の中でこの姿勢を貫徹するのは結構ハードだ。

■7　後顧の憂いを消しておく

刑事の取調べも検事の取調べも、一種の戦いの場である。戦うには武器が必要だし、必死にならねば勝てないし、知恵や情報も必要だ。それらと同じように大切なのは**「後顧の憂い」を解消しておくこと**だ。おおかたの場合、それは仕事と家族だろう。私の場合もそうだった。

私は自営業者である。まずは関連業者への支払いを終え、必要な請求作業話せば話すほど、刑事に材料を与えてしまう。現行犯逮捕や緊急逮捕以外、司法サイドは情報を獲得していく以外に方法はない。警察が集めた証拠（ほとんどの場合、誰かの証言とメール）と供述だけを材料として、司法の場での戦いは繰り広げられる。

とにかくしゃべらないほうがよい。私は「わかってもらおう」として、当初自分に有利になるような話を一所懸命していたが、それはまったく無駄だった。警察が求めているのは「罪につながる供述」なのだ。そこに私が有利になる話が入るわけがない。弁護士によっては「逮捕されてから勾留期限が切れるまで、何も話さないのがベスト」とサジェストするらしい。

基本的には検事に対しても同様だ。聞かれたことに対して、最小限に回答していくのが正しい対応なのだと思う。ただし検事に対しては、黙秘を貫くのは得策ではないように思う。

■5　くり返しにはくり返しを

とにかく刑事の取調べも検事の取調べも、バカのように同じ質問をくり返してくる。あるいは角度をちょっと変えて、同じことを聞いてくる。

それらに対しては、ことごとく同じ回答をしていかねばならない。10回聞かれれば10回、30回聞かれれば30回、同じ回答をしなければならない。

矛盾した回答をすれば、そこからどんどん向こう側が理想とする供述書ができあがってしまうのだ。

何を聞かれても、無理して答えをひねり出す必要はまったくない。「わからない」「覚えていない」と答えればいい。「あえていえば？」とか「記憶の範囲でいいから」などと聞かれることがある。そんな場合、無理してサービス回答をすれば、自分の首を絞める事態にもつながりかねないのだ。

大切なのは「事実と記憶と想像を区別して回答する」ことだ。「〜だった」と事実のごとく回答するのではなく、「〜だと思う」「今考えるとそう思う」「覚えてはいないが、自分のことだからこうしたのかもしれない」と、明確に区別をしながら回答することは非常に重要である。

の人間は、たぶんみんなそう考えると思う。しかしすぐ、それが幻想であることに気づかされるだろう。

本文中にも書いたが「起訴されてからが弁護士の出番」と考える向きもあるが、それは明らかに間違っている。1分1秒でも早く、弁護士は必要なのだ。明日への希望と心のケアも大切だ。

信頼できる人に紹介してもらうのがいちばんだが、ポイントは自分との相性だ。なんでも腹を割って話せるか、よく聞いてくれるかが最重要だ。うまい話ばかりではなく、悪いケースもきちんと話してくれる弁護士がベスト。気に入らなければただちに解任して、別の弁護士に依頼しよう。

■3　逮捕後の流れ、スケジュールを知っておく

初めて閉鎖された狭い場所に閉じ込められた衝撃……相当なインパクトを誰もが受けるにちがいない。「いったい自分はどうなってしまうのか」という悲嘆の波が限りなく押し寄せてくる。自分はここにどれくらいいるのだろうか。どんな取調べを受けて、その後どうなって、どこへ行くのだろうか。これからの知識が何もなければ、より悪いほう、悪いほうへと考えは進む。

そんな状態を大幅に緩和するのが「逮捕後の流れの事前把握」だ。

私は任意取調べの段階から「逮捕されて大阪に連行され、勾留23日目に事態は決するだろう。無罪放免にならず起訴されたら、そのときはそのとき。最悪に最悪を重ねても、3ヵ月で出られるだろう」というように、弁護士に聞いて、手順と進行、流れ、終結のパターンをいくつか想定していた。先の見通しがある程度つくからこそ、理不尽な状況にも耐えられたといえる。先行きがまったく見えないまま、監禁下の日々を前向きに過ごすことは不可能だと思う。

■4　言葉は極力少なく回答

私が最も反省する項目だ。私は話し好き、おしゃべり。そのへんをよくわかっていて、刑事は巧みにさまざまな角度から会話を誘導していった。だが、

付録　わが身を守るための“被疑者十戒”

世の中、何が起こるかわからない。たとえあなた自身のことではなくても、友人、知人、親戚、家族にだって知らず知らずのうちに、魔の手が忍び寄る可能性は否定できない。以下の十戒は、対警察・司法の知識として知っておくほうがよいと考える。知識は最大の武器となる。

他人事と思わない。それが人生の危機管理だ。

■1　メールは×、携帯は△、公衆電話は○

警察と検察の攻撃材料は「情報」がすべてだ。情報を支配しているからこそ、彼らは強気で攻撃してくる。

まず**こちらのメールは、すべて洗い出される**。携帯を押さえられたら、すべての資料に一文字も漏らさず記録される。あらゆる角度から刑事らがそれを検証していく。私が取調べをつづけられた中で、**刑事の攻めどころは8割以上、メールのやりとりの内容**だった。言葉遣い、行動パターン、人間関係などありとあらゆる情報はメールから推測、追及されるといっても過言ではなかった。逆にいえばメールのやりとりさえなければ、逮捕から微細にいたる追及まで、かなり難しかっただろう。メールを送ってしまった後でも、消さないよりは消したほうがよい。

携帯通話は場所の記録が残る。基地局単位だ。日時をいわれて「どこにいたのか」を聞かれる。行動を知るため、おおいに参考にされる。いちばん安全なのは公衆電話だ。何の心配もいらない。

■2　弁護士は1秒でも早く

弁護士は今後起こるであろうすべての事象を想定、解決への道を複数パターン提示しアドバイスしてくれる。一歩向こうの世界に入ってからのことは、おおむね何でも知っている。

「自分は悪いことはやっていないのだから、何も恐れる必要はない」初めて

著者略歴

選挙コンサルタント。一九六一年、北海道に生まれる。駒澤大学法学部卒業。衆議院議員秘書を経て、選挙PRの老舗会社に入社。一九九九年に独立し政治・選挙PR専門家集団「プロジェクトWITH」を設立、二〇年以上におよぶ実績を持つ。二〇〇八年より時事通信社、内外情勢調査会講師。二〇一一年より一般社団法人日本選挙キャンペーン協会理事。

日本で活躍するトップクラスの選挙コンサルタントとして、すべての都道府県において政治活動、選挙活動にたずさわり、「候補者の特性と土地柄」を重視した総合選挙戦略を展開。大手広告代理店と組む政党PRでも定評がある。

二〇一六年、第二四回参議院議員選挙における公職選挙法違反で逮捕。略式起訴で罰金刑となった。

不本意《ふほんい》ながらいきなり「手錠《てじょう》」

——参院選《さんいんせん》モヤモヤ逮捕劇《たいほげき》

二〇二〇年一二月一五日　第一刷発行

著者　渡辺《わたなべ》強《つよし》

発行者　古屋信吾

発行所　株式会社さくら舎　http://www.sakurasha.com

東京都千代田区富士見一-二-一一　〒一〇二-〇〇七一

電話　営業　〇三-五二一一-六五三三　FAX　〇三-五二一一-六四八一

編集　〇三-五二一一-六四八〇　振替　〇〇一九〇-八-四〇二〇六〇

装丁　村橋雅之

装画　木村尚徳

協力　森久保美樹（企画のたまご屋さん）

印刷・製本　中央精版印刷株式会社

ISBN978-4-86581-276-3